"十四五"国家重点图书出版规划项目

新版《列国志》与《国际组织志》联合编辑委员会

主　　任　谢伏瞻

副 主 任　李培林　蔡　昉

秘 书 长　马　援　谢寿光

委　　员（按姓氏音序排列）

陈东晓	陈　甦	陈志敏	陈众议	冯仲平	郝　平	黄　平
贾烈英	姜　锋	李安山	李晨阳	李东燕	李国强	李剑鸣
李绍先	李向阳	李永全	刘北成	刘德斌	刘新成	罗　林
彭　龙	钱乘旦	秦亚青	饶戈平	孙壮志	汪朝光	王　镭
王灵桂	王延中	王　正	吴白乙	邢广程	杨伯江	杨　光
于洪君	袁东振	张倩红	张宇燕	张蕴岭	赵忠秀	郑秉文
郑春荣	周　弘	庄国土	卓新平	邹治波		

列国志

GUIDE TO
THE WORLD
NATIONS
新版

张振克　李　璐
编著

SEYCHELLES

塞舌尔

社会科学文献出版社
SOCIAL SCIENCES ACADEMIC PRESS (CHINA)

塞舌尔行政区划图

塞舌尔国旗

塞舌尔国徽

马埃岛维多利亚市的印度教庙宇（曾江宁 摄）

小本钟（朱建军 摄）

马埃岛街头雕塑（一）（曾江宁 摄）

马埃岛街头雕塑（二）（曾江宁 摄）

自然遗产五月谷入口（曾江宁　摄）

保护象龟的宣传栏（曾江宁　摄）

塞舌尔1982年、1983年被命名的两个世界自然遗产地（曾江宁　摄）

塞舌尔花卉（一）（曾江宁　摄）

塞舌尔花卉（二）（曾江宁　摄）

马埃岛海椰子树（曾江宁　摄）

马埃岛上的象龟（曾江宁　摄）

马埃岛建筑（曾江宁　摄）

普拉兰岛的高尔夫球场（曾江宁　摄）

中国援建的塞舌尔司法大楼（刘君胜　摄）

中国援建的住房（刘君胜　摄）

维多利亚机场（曾江宁 摄）

城市俯瞰（慕建峰 摄）

海景（刘君胜 摄）

出版说明

　　《列国志》编撰出版工作自 1999 年正式启动，截至目前，已出版 144 卷，涵盖世界五大洲 163 个国家和国际组织，成为中国出版史上第一套百科全书式的大型国际知识参考书。该套丛书自出版以来，受到社会各界的广泛好评，被誉为"21 世纪的《海国图志》"，中国人了解外部世界的全景式"窗口"。

　　这项凝聚着近千学人、出版人心血与期盼的工程，前后历时十多年，作为此项工作的组织实施者，我们为这皇皇 144 卷《列国志》的出版深感欣慰。与此同时，我们也深刻认识到当今国际形势风云变幻，国家发展日新月异，人们了解世界各国最新动态的需要也更为迫切。鉴于此，为使《列国志》丛书能够不断补充最新资料，更好地服务于社会各界，我们决定启动新版《列国志》编撰出版工作。

　　与已出版的 144 卷《列国志》相比，新版《列国志》无论是形式还是内容都有新的调整。国际组织卷次将单独作为一个系列编撰出版，原来合并出版的国家将独立成书，而之前尚未出版的国家都将增补齐全。新版《列国志》的封面设计、版面设计更加新颖，力求带给读者更好的阅读感受。内容上的调整主要体现在数据的更新、最新情况的增补以及章节设置的变化等方面，目的在于进一步加强该套丛书将基础研究和应用对策研究相结合，将基础研究成果应用于实践的特色。例如，增加了各国有关资源开发、环境治理的内容；特设"社会"一章，介绍各国的国民生活情况、社会管理经验以及存在的社会问题，等等；增设"大事纪年"，方便读者在短时间内熟悉各国的发展线索；增设"索引"，便于读者根据人名、地名、关键词查找所需相关信息。

顺应时代发展的要求，新版《列国志》将以纸质书为基础，全面整合国别国际问题研究资源，构建列国志数据库。这是《列国志》在新时期发展的一个重大突破，由此形成的国别国际问题研究与知识服务平台，必将更好地服务于中央和地方政府部门应对日益繁杂的国际事务的决策需要，促进国别国际问题研究领域的学术交流，拓宽中国民众的国际视野。

新版《列国志》的编撰出版工作得到了各方的支持：国家主管部门高度重视，将其列入"'十二五'国家重点图书出版规划项目"；中国社会科学院将其列为创新工程学术出版资助项目，王伟光院长亲自担任编辑委员会主任，指导相关工作的开展；国内各高校和研究机构鼎力相助，国别国际问题研究领域的知名学者相继加入编辑委员会，提供优质的学术指导。相信在各方的通力合作之下，新版《列国志》必将更上一层楼，以崭新的面貌呈现给读者，在中国改革开放的新征程中更好地发挥其作为"知识向导"、"资政参考"和"文化桥梁"的作用！

新版《列国志》编辑委员会

2013 年 9 月

前　言

　　自1840年前后中国被迫开关、步入世界以来，对外国舆地政情的了解即应时而起。还在第一次鸦片战争期间，受林则徐之托，1842年魏源编辑刊刻了近代中国首部介绍当时世界主要国家舆地政情的大型志书《海国图志》。林、魏之目的是为长期生活在闭关锁国之中、对外部世界知之甚少的国人"睁眼看世界"提供一部基本的参考资料，尤其是让当时中国的各级统治者知道"天朝上国"之外的天地，学习西方的科学技术，"师夷之长技以制夷"。这部著作，在当时乃至其后相当长一段时间内，产生过巨大影响，对国人了解外部世界起到了积极的作用。

　　自那时起中国认识世界、融入世界的步伐就再也没有停止过。中华人民共和国成立以后，尤其是1978年改革开放以来，中国更以主动的自信自强的积极姿态，加速融入世界的步伐。与之相适应，不同时期先后出版过相当数量的不同层次的有关国际问题、列国政情、异域风俗等方面的著作，数量之多，可谓浩如烟海。它们对时人了解外部世界起到了积极的作用。

　　当今世界，资本与现代科技正以前所未有的速度与广度在国际流动和传播，"全球化"浪潮席卷世界各地，极大地影响着世界历史进程，对中国的发展也产生极其深刻的影响。面临不同以往的"大变局"，中国已经并将继续以更开放的姿态、更快的步伐全面步入世界，迎接时代的挑战。不同的是，我们所面临的已不是林则徐、魏源时代要不要"睁眼看世界"、要不要"开放"的问题，而是在新的历史条件下，在新的世界发展大势下，如何更好地步入世界，如何在融入世界的进程中更好地维护民族国家的主权与独立，积极参与国际事务，为维护世界和平、促进世界与人类共同发展做出贡献。这就要求我们对外部世界有比以往更深切、全面的了解，我们只有更全面、更深入地了解世界，才能在更高的层次上融入世界，也才能在融入世界的进程中不迷失方向，保持自我。

与此时代要求相比，已有的种种有关介绍、论述各国史地政情的著述，无论就规模还是内容来看，已远远不能适应我们了解外部世界的要求。人们期盼有更新、更系统、更权威的著作问世。

中国社会科学院作为国家哲学社会科学的最高研究机构和国际问题综合研究中心，有11个专门研究国际问题和外国问题的研究所，学科门类齐全，研究力量雄厚，有能力也有责任担当这一重任。早在20世纪90年代初，中国社会科学院的领导和中国社会科学出版社就提出编撰"简明国际百科全书"的设想。1993年3月11日，时任中国社会科学院院长胡绳先生在科研局的一份报告上批示："我想，国际片各所可考虑出一套列国志，体例类似几年前出的《简明中国百科全书》，以一国（美、日、英、法等）或几个国家（北欧各国、印支各国）为一册，请考虑可行否。"

中国社会科学院科研局根据胡绳院长的批示，在调查研究的基础上，于1994年2月28日发出《关于编纂〈简明国际百科全书〉和〈列国志〉立项的通报》。《列国志》和《简明国际百科全书》一起被列为中国社会科学院重点项目。按照当时的计划，首先编写《简明国际百科全书》，待这一项目完成后，再着手编写《列国志》。

1998 年，率先完成《简明国际百科全书》有关卷编写任务的研究所开始了《列国志》的编写工作。随后，其他研究所也陆续启动这一项目。为了保证《列国志》这套大型丛书的高质量，科研局和社会科学文献出版社于 1999 年 1 月 27 日召开国际学科片各研究所及世界历史研究所负责人会议，讨论了这套大型丛书的编写大纲及基本要求。根据会议精神，科研局随后印发了《关于〈列国志〉编写工作有关事项的通知》，陆续为启动项目拨付研究经费。

为了加强对《列国志》项目编撰出版工作的组织协调，根据时任中国社会科学院院长李铁映同志的提议，2002 年 8 月，成立了由分管国际学科片的陈佳贵副院长为主任的《列国志》编辑委员会。编委会成员包括国际片各研究所、科研局、研究生院及社会科学文献出版社等部门的主要领导及有关同志。科研局和社会科学文献出版社组成《列国志》项目工作组，社会科学文献出版社成立了《列国志》工作室。同年，《列国志》项目被批准为中国社会科学院重大课题，新闻出版总署将《列国志》项目列入国家重点图书出版计划。

在《列国志》编辑委员会的领导下，《列国志》各承担单位尤其是各位学者加快了编撰进度。作为一项大型研究项目和大型丛书，编委会对《列国志》提出的基本要求是：资料翔实、准确、最新，文笔流畅，学术性和可读性兼备。《列国志》之所以强调学术性，是因为这套丛书不是一般的"手册""概览"，而是在尽可能吸收前人成果的基础上，体现专家学者们的研究所得和个人见解。正因为如此,《列国志》在强调基本要求的同时,本着文责自负的原则,没有对各卷的具体内容及学术观点强行统一。应当指出,参加这一浩繁工程的,除了中国社会科学院的专业科研人员以外,还有院外的一些在该领域颇有研究的专家学者。

现在凝聚着数百位专家学者心血,共计141卷,涵盖了当今世界151个国家和地区以及数十个主要国际组织的《列国志》丛书,将陆续出版与广大读者见面。我们希望这样一套大型丛书,能为各级干部了解、认识当代世界各国及主要国际组织的情况,了解世界发展趋势,把握时代发展脉络,提供有益的帮助;希望它能成为我国外交外事工作者、国际经贸企业及日渐增多的广大出国公民和旅游者走向世界的忠实"向导",引领其步入更广阔的世界;希望它在帮助中国人民认识世界的同时,也能够架起世界各国人民认识中国的一座"桥梁",一座中国走向世界、世界走向中国的"桥梁"。

《列国志》编辑委员会
2003 年 6 月

CONTENTS

目 录

CONTENTS
目　录

CONTENTS

目 录

CONTENTS
目 录

CONTENTS
目 录

CONTENTS
目 录

CONTENTS 目 录

第一章

概　览

　　塞舌尔共和国（Republic of Seychelles，简称"塞舌尔"）位于非洲东部的印度洋上，由 115 个大小岛屿组成。16 世纪，葡萄牙人曾到此地，取名"七姊妹岛"。1756 年，该地被法国占领，并以"塞舌尔"命名。1794 年，英国取代法国统治塞舌尔。后英法多次易手，轮流占领塞舌尔。1814 年，英法签订和约，塞舌尔成为英国殖民地，归英国在毛里求斯的殖民当局管辖。1903 年改为英直辖殖民地。1970 年实行内部自治。1976 年 6 月 29 日宣告独立，成立塞舌尔共和国，仍留在英联邦内。

第一节　国土与人口

一　地理位置

　　塞舌尔地处西印度洋，具有重要的海洋地缘战略地位。塞舌尔位于南纬 4°～10°、东经 46°～54°，由 115 个大小岛屿组成，众多岛屿分为塞舌尔群岛、阿米兰特群岛、阿尔达布拉群岛三大群岛。陆地面积 455 平方公里，领海面积约 40 万平方公里，海洋专属经济区（EEZ）面积约 140 万平方公里。西距肯尼亚蒙巴萨港 1593

公里，西南距马达加斯加925公里，南与毛里求斯隔海相望，东北距印度孟买2813公里。①

二　地质构造

塞舌尔境内岛屿有花岗岩岛和珊瑚礁岛两类，分别为41个和74个，花岗岩岛多为山地，最高海拔905米。马埃岛及其附近的锡卢埃特岛、北岛、普拉兰岛等是花岗岩岛。根据"大陆漂移假说"，当古大陆分裂时，印度陆块脱离非洲向北漂移，塞舌尔群岛中的花岗岩是印度陆块向北漂移过程中的残留岩体。塞舌尔群岛内的其他岛屿，大多属于珊瑚岛。它们由生长在缓慢上升的海底火山岩基上的珊瑚礁构成。这些岛屿分布面积较广，并且仅仅高出海平面几英尺（1英尺＝0.3048米）。珊瑚岛上分布着许多低平的沙洲，它们是约3000年前形成的地层。在这些适宜作物种植的沙洲上，遍布着大面积的椰子园。

在马埃岛和普拉兰岛上主要存在三种花岗岩：马埃灰花岗岩、片麻状花岗岩和红色花岗岩。这三种花岗岩的成分基本相同，含有微粒条纹长石、石英、钠钙长石和小角闪石，有的有黑云母。在这些花岗岩中最常见的侵入体为橄榄石伟晶玄武岩和伟晶玄武岩岩墙。这些侵入岩体在拉迪格岛附近的费利西特岛上特别多。马埃岛的西岸存在不相同的斑状花岗岩和花岗斑岩，它们延伸到邻近的泰雷斯岛和康塞普申岛。普拉兰岛上也有花岗斑岩侵入体。拉迪格岛附近的马里安纳岛是由花岗斑岩构成的。长英岩脉存在于普拉兰

---

①　中华人民共和国外交部网站，https：//www.fmprc.gov.cn/web/gjhdq_ 676201/gj_ 676 203/fz_ 677316/1206_ 678428/1206x0_ 678430/。

岛、拉迪格岛上。纯石英矿脉在普拉兰岛及其邻近小岛上是常见的，在阿里德岛的山脊上也有很多。

弗雷格特岛和其他花岗岩岛不同的是，它大部分由长英岩和花岗斑岩构成，仅夹有小块花岗岩和花岗岩脉，但靠近弗雷格特岛的伊洛特岛则为花岗岩岛。锡卢埃特岛和北岛是由肉色和灰色的正长岩构成的，成分有些混杂。最常见的是一种深灰色岩石。由于正长岩不含或含极少量的石英，因此在很多花岗岩岛上极为常见的石英砂砾沉积物在锡卢埃特岛和北岛上是不存在的。这两个岛上的正长岩为斑状微粒正长岩的暗色岩墙和岩脉所切割。花岗岩岛边缘的海湾沿岸，有狭长的石灰质平原，当地称其为"台地"。它们的宽度很少超过半英里（1 英里 = 1609.344 米），从海岸边延伸到山脚。这些沿海平原由珊瑚和其他海积物构成，形成的年代较新，距今 3000 年左右。花岗岩岛上的土壤主要是热带红土，最肥沃的是小块河谷地和疏干的沼泽地。沿海平原的盐碱地呈弱碱性，沙质、贫瘠，但在这种盐碱地上分布着花岗岩岛上最好的椰子园。

塞舌尔群岛内的珊瑚岛大多是由珊瑚沙或其他海积物构成的珊瑚礁组成。位于浅滩上的珊瑚岛由沙洲构成，如阿米兰特浅滩和阿方斯浅滩；位于岭脊上的或从深海升起的则为隆起的岩礁，如普罗维登斯山脊。这两种类型的珊瑚岛都受到了天气、海水、植物和动物，特别是海鸟的影响。

沙洲地势低平。鸟粪层有的位于地表，有的在地下，与鸟粪有关的磷酸盐则以矿瘤、松块的形式存在，或成为浅埋而结实的地层，厚度可达两米，特别是在岛的中央部分。珊瑚岛上的磷酸钙是珊瑚沙中的碳酸钙和大量海鸟粪中的磷交互作用形成。在随海潮升落的含盐地下水面之上，浮动着略微高出海平面的淡水，这是这些岛屿上仅有的淡水。这些淡水和盐水缓慢地混合，在土壤内渗透很慢，流速很小，并且有雨水的补充，为动植物生长提供有利环境。塞舌尔群岛的沙洲分布在伯德岛、德尼岛、普拉特岛以及阿米兰特群岛的若干岛屿上。总面积近 20 平方公里，这些岛上有大面积的椰子园。

隆起的岩礁是由坚固的还在不断生长着的珊瑚构成的，已露出海面以上数英尺。在这些岛屿上很少或者没有土壤，地面由坚硬并多洞穴的珊瑚礁构成。裸露的珊瑚礁岩经长期的海水侵蚀和雨水淋洗，形成了空隙与裂隙众多的礁石。海鸟粪对地表礁石的改造起了很大的作用。在原初礁岩的裂隙与洞穴内，鸟粪的不均匀分布使得礁岩上的磷和碳酸钙之间相互作用得不均匀，从而使得大部分隙间的碳酸钙风化，剩下了坚硬的不易风化的磷酸钙。

三 气候

塞舌尔位于赤道附近，受到印度洋的影响，气候温和，属于典型的热带雨林气候，分为雨季（11 月至次年 4 月）和旱季（5 月至 10 月）。气温在 24℃ ~ 32℃；年平均降水量为 2500 ~ 3000 毫米。12 月至次年 3 月，季风从西北方带来温暖湿润的气流，因而每年 3 ~ 4 月最热，降水量也最多；5 ~ 10 月东南季风则会给岛上带来凉爽的天气，7 ~ 8 月最凉爽。

塞舌尔群岛在南印度洋上的常年高压带和亚洲中部的季节性气压中心变化的控制下形成了两种季风：5 ~ 10 月吹东南季风，12 月到次年 3 月吹西北季风，而 4 月和 11 月是过渡时期。

各岛降水量不等，从花岗岩岛群向南到珊瑚岛群降水渐次减少。马埃岛和锡卢埃特岛年平均降水量为 2335 毫米，其中海拔最高点的年降水量约为 3810 毫米。海拔较低的普拉兰岛和拉迪格岛，年平均降水量为 1770 毫米，德尼岛位于塞舌尔海底高原边缘，年平均降水量为 1700 毫米，阿米兰特群岛内的德罗什岛年平均降水量为 1500 毫米，阿方斯岛（Alphonse Island）则为 1320 毫米。12月、1月和2月塞舌尔多暴雨，年降水量占全年降水量的 40% 以上；而7月和8月较干燥，年降水量仅占 9%。从3月到7月，降水量逐月减少，从8月起又逐月增加（见表 1-1）。

表 1-1 塞舌尔气温、降水量

	1月	2月	3月	4月	5月	6月	7月	8月	9月	10月	11月	12月
平均最高温（℃）	30	31	31	32	31	30	29	29	29	30	30	30
平均最低温（℃）	25	25	25	26	26	25	24	24	25	25	25	25
平均气温（℃）	27.3	28	28.4	28.7	28.4	27.4	26.5	26.6	27.1	27.5	27.5	27.6
平均降水量（毫米）	405	250	200	185	160	115	90	120	165	180	190	305

资料来源：https://www.climatestotravel.com/climate/seychelles。

塞舌尔相对湿度高，全年平均为 75% ~ 80%。东南季风强劲且较干燥，因而天气凉爽舒适，但湿度并未下降。除南端的普罗维登斯群岛的南部岛屿、科斯莫莱多群岛和阿斯托夫岛以外，塞舌尔其他岛屿都位于南印度洋的热带气旋活动范围以外，因而避开了热带气旋风暴灾害。

四　行政区划

塞舌尔全国划分为 26 个行政区，其中主岛马埃岛上有 22 个行政区，普拉兰岛上有 2 个行政区，拉迪格岛上有 1 个行政区，外岛上有 1 个行政区。26 个行政区分别为：安塞·奥潘区、安塞·布瓦洛区、安塞·艾托瓦区、安塞·罗亚莱区、奥凯普区、贝·拉扎尔区、贝·圣·安那区、博瓦隆区、贝尔·艾尔区、贝尔·翁布雷区、卡斯喀得区、英语河区、格拉西斯区、马埃·大安塞区、普拉兰·大安塞区、内岛区（拉迪格区）、雷·玛麦尔区（莱蒙斯区）、蒙巴克斯顿区、蒙弗勒利区、普莱桑斯区、普安特·拉儒区、波特·格劳德区、罗切·凯曼区、圣·路易区、塔卡玛卡区、外岛区（见表 1-2）。首都是维多利亚市，人口约 3 万，是全国的政治、经济、文化中心。

表 1-2　塞舌尔行政区划

序号	地区	行政区划代码（HASC）	面积（平方公里）
1	安塞·奥潘区（Anse Aux Pins）	SC. PI	3
2	安塞·布瓦洛区（Anse Boileau）	SC. AB	12
3	安塞·艾托瓦区（Anse Etoile）	SC. ET	6
4	安塞·罗亚莱区（Anse Royale）	SC. RO	7
5	奥凯普区（Au Cap）	SC. LO	8
6	贝·拉扎尔区（Baie Lazare）	SC. BL	12
7	贝·圣·安那区（Baie Saint Anne）	SC. BS	29
8	博瓦隆区（Beau Vallon）	SC. BV	5
9	贝尔·艾尔区（Bel Air）	SC. BA	5

续表

序号	地区	行政区划代码 （HASC）	面积 （平方公里）
10	贝尔·翁布雷区（Bel Ombre）	SC. BO	9
11	卡斯喀得区（Cascade）	SC. CA	11
12	英语河区（English River）	SC. RA	2
13	格拉西斯区（Glacis）	SC. GL	7
14	马埃·大安塞区（Grande Anse Mahe）	SC. GM	16
15	普拉兰·大安塞区（Grande Anse Praslin）	SC. GP	22
16	内岛区（拉迪格区）（Inner Islands）	SC. DI	36
17	雷·玛麦尔区（莱蒙斯区）（Les Mamelles）	SC. LM	2
18	蒙巴克斯顿区（Mont Buxton）	SC. MB	1
19	蒙弗勒利区（Mont Fleuri）	SC. MF	6
20	普莱桑斯区（Plaisance）	SC. PL	3
21	普安特·拉儒区（Pointe Larue）	SC. PR	4
22	波特·格劳德区（Port Glaud）	SC. PG	27
23	罗切·凯曼区（Roche Caiman）	SC. RC	2
24	圣·路易区（Saint Louis）	SC. SL	1
25	塔卡玛卡区（Takamaka）	SC. TA	14
26	外岛区（Outer Islands District）	SC. OI	208

资料来源：Districts of Seychelles, http://statoids.com/usc.html。

五　人口与民族

1. 人口

塞舌尔全国人口约 10 万（2022 年），其中马埃岛约 8.4 万人，普拉兰岛 9000 多人，拉迪格岛和其他岛屿 4000 多人（2021 年）。1955～2018 年部分年份塞舌尔人口数量见图 1 - 1。

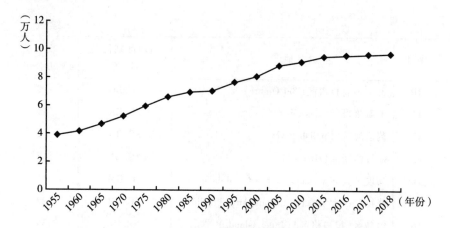

图 1 - 1　1955～2018 年部分年份塞舌尔人口数量

资料来源：https：//www. worldometers. info/world - population/seychelles - population/。

2. 语言

英语和法语是塞舌尔的官方用语，法式克里奥尔语（一般称为"塞舌尔克里奥尔语"）为当地通用语。当地居民日常交流多用塞舌尔克里奥尔语，而官方行文、报纸杂志等则多使用英语。使用塞舌尔克里奥尔语的人口占总人口的 89%，使用英语的人口占 5.1%，使用法语的人口占 0.7%，使用其他语言的占 5.2%（截至 2010 年）。[①]

3. 民族

塞舌尔是多民族国家。居民主要由班图人（非洲移民）、克里奥尔人（欧非等混血人）、印巴后裔（亚洲移民）、英法后裔（欧洲移民）和华人后裔（亚洲移民）等组成。维多利亚市独立大街圆形广场上矗立着的三翼雕塑，是 1978 年为纪念维多利亚建市

---

① "The World Factbook：Seychelles," CIA, https：//www. cia. gov/library/publications/the - world - factbook/geos/se. html.

200 年而立于此地的，象征着塞舌尔人来自欧、亚、非三大洲和塞舌尔的多元文化。

六　国家象征

1. 国旗

塞舌尔国旗呈横长方形，长与宽之比为 2∶1。旗面上的图案由五道自左下角放射出的光束组成，按顺时针方向依次为蓝、黄、红、白、绿五色。蓝色象征海洋，黄色象征太阳，红色象征人民及其在爱与团结中奋斗的决心，白色象征社会正义与和谐，绿色象征土地与自然。

2. 国徽

塞舌尔国徽呈椭圆形，制定于 1976 年。在高远的青天与浩瀚的碧海中，浮出一片绿色土地，这便是岛国塞舌尔。天空中一只海鸥在飞翔，一艘白色帆船划破海浪，正航行在远洋航线上，表明海洋航运是塞舌尔的经济命脉。盾徽中央是一株结满椰子的椰树，椰子是塞舌尔的主要农产品；而象龟、大旗鱼则是塞舌尔的特色物产。国徽基部的白色饰带上铭刻着塞舌尔格言"事竟功成"。

3. 国歌

塞舌尔的国歌为《塞舌尔人，团结起来》，歌词大意为：

塞舌尔，我们的祖居地。我们和谐生活在这里。欢乐、关怀与太平，我们感谢上帝。让我们保持国土的美丽以及海疆的富裕。这两份遗产都要珍惜，要传给我们的子孙后裔。让我们时刻不分离，共举多彩的新国旗。永远地齐心协力，塞舌尔人，团结在一起！

4. 国花

塞舌尔共和国政府将凤尾兰定为国花。塞舌尔群岛有约30种兰花，以凤尾兰最为名贵。凤尾兰原产于非洲和亚洲热带地区，颜色很鲜艳，有粉红色和紫红色。花瓣为四至五片，展开的花瓣有的还带一丝白色。1971年塞舌尔政府通过一条法令，未经许可，任何人不许携带这种兰花出境。国花图案是由画家阿尔玛·道丁设计的。在塞舌尔的各种便笺、资料、图册等上面都印有其图案。

第二节　宗教与民俗

一　宗教

塞舌尔86.6%的居民信奉罗马天主教，6.8%的居民信奉英国圣公会教，2.5%的居民信奉其他基督教，4.1%的居民信奉伊斯兰教、印度教和佛教等。[①]

二　节日

塞舌尔的节假日有新年（1月1日和2日）、耶稣受难节（在每年3月或4月，日期不固定）、复活节（每年耶稣受难节次日）、国际劳动节（5月1日）、基督圣体节（复活节后的第9个星期四）、宪法日（6月18日）、国庆节（6月29日）、圣母升天节（8月15日）、万圣节（11月1日）、圣母怀胎节（12月8日）、圣诞节（12月25日）。

---

① 《对外投资合作国别（地区）指南——塞舌尔》，商务部，2021，第5页。

三 民俗

1. 饮食习惯

受法国和英国饮食文化的影响，塞舌尔人饮食以西餐为主，欧洲（主要是法国和意大利饮食）和非洲的美食被很好地融为一体。塞舌尔的菜肴深受海滨位置的影响，鱼是主要食材，如鲷鱼、鲨鱼、鲹鱼、石斑鱼和金枪鱼等。塞舌尔人爱吃鱼、虾和肉类，牛肉和鸡肉等肉类多靠进口。

塞舌尔人很少吃蔬菜。他们喜食用植物的汁液做成的汤汁，或者用杧果、金苹果和比里姆比斯等绿色水果做的辣酱。比里姆比斯是一种树木的果实，看起来像小黄瓜，可拌着大米、鱼和肉一起食用。

塞舌尔大的基岩岛屿上到处都有热带水果，其中包括杧果、香蕉、面包果、木瓜、椰子、葡萄柚、菠萝。加上调味料，它们可以被做成绝妙的配菜。香草、肉桂和肉豆蔻常用来做大杂烩和其他调味料。

2. 生活礼仪

塞舌尔人主要是欧、亚、非移民后裔以及他们的混血后裔。他们热情好客、淳朴温和，没有种族歧视。塞舌尔人日常都穿便装，即使是在社交场合，男士也只穿短袖衫和长裤，而极少穿西装打领带。塞舌尔人与客人相见时，通常是握手，并报出自己的姓名；亲朋好友之间相见时，习惯施拥抱礼，与女士见面时还可施吻手礼。日常称谓一般冠以先生、小姐、夫人和头衔等尊称，但朋友和熟人之间则多直呼其名。

3. "穆蒂王"舞

"穆蒂王"舞是非洲古老的民间村社舞蹈，被保留至今。这是一种围绕着篝火跳的夜间舞蹈，伴之有节奏的非洲鼓击。这种舞是一种脚步交叉来回的双人舞，男女舞伴面对面相隔数英尺。"穆蒂王"舞通常还伴以诗歌朗诵。这些诗多为即兴创作。"穆蒂王"舞在外围岛屿中比较流行，大概是这里的淳朴环境更适合这样的舞蹈，不过在马埃岛以及在维多利亚近郊人们偶尔也会跳此舞。

4. 婚姻习俗

塞舌尔的婚姻习俗有婚礼游行。较为常见的婚礼游行是指新婚夫妇赴婚宴时常伴有一支壮观的婚礼队伍。在新婚夫妇的前面，有人演奏小提琴和三角琴。新婚夫妇的父母、朋友和其他宾客跟在他们的后面。古老的、极其优美和浪漫的传统婚礼赞歌，以及记载在旧式手抄本中的法文祝词，至今还幸存。但遗憾的是，富于魅力、具有诗意的风俗正在失传。

5. 四组舞

四组舞是一种有指挥的舞蹈，源于法国。这种舞蹈伴随小提琴和三角琴演奏的轻快曲调进行。小提琴和三角琴成了舞蹈必不可少的伴奏乐器。在选定女舞伴之后，跳舞者面对面地站成两行，在指挥者的号令下，表演一连串优美的舞蹈动作。四组舞由早期殖民者引进，起源于贵族。据说这种舞在号称"太阳王"的路易十四宫廷中曾一直是一种正规舞蹈。四组舞是当地舞蹈中的一个特别舞种，是塞舌尔人最喜爱的舞蹈。

6. 传统服饰

19世纪，塞舌尔女子多穿棉布宽上衣，下身穿长裙，头上系一条绸巾，在头后打一个结。男子则戴小耳环，穿棉布长裤，上身有的穿件短上衣，或穿一条短裤，束一根宽大的皮带，前面扎得很低。

第三节 自然资源

一 植物

塞舌尔群岛上大约有 80 种特有植物。原始森林现在仅存于锡卢埃特岛和马埃岛地势较高的区域，以及普拉兰岛中的马埃谷。椰子树和木麻黄是塞舌尔最常见的树木，还有几种榕树也很常见。此外，塞舌尔群岛上还有旋叶松、竹子和乌龟树（如此命名是因为树的果实长得像以此为食的乌龟）。

1. 海椰子树

海椰子树原先生长在塞舌尔群岛的五个花岗岩岛上，目前仅存在于普拉兰岛和屈里厄斯岛上。海椰子树成对生长，在一棵雌性海椰子树的旁边必有一棵雄性海椰子树陪伴着，如果其中一棵生命走到了尽头，另一棵也会死亡。海椰子果存在性别之分，雄果长得像男性生殖器官，为长条形；雌果则像女性臀部。

2. 露兜树

露兜树又称螺旋松，形似棕榈，属露兜树科，具有气根和螺旋状的叶子，是一种常见的观赏植物。塞舌尔群岛上有六种露兜树，其中两种伞形露兜和栗子露兜在群岛较为著名。露兜树广泛分布在塞舌尔的花岗岩岛屿上，如马埃岛、普拉兰岛等。

3. 兰科植物

在塞舌尔，兰科植物有约 30 种，除了国花凤尾兰之外，最常见且最美丽的是长尾花，漂亮的珠白色和淡绿色的花朵散发出一种像栀子花那样的香味，尤其是在夜间。这种花有尖长的花冠，花朵有点像一种热带的鸟，它是塞舌尔群岛上女性结婚时常戴的花，主要生长在马埃岛、普拉兰岛和锡卢埃特岛的较高山丘上，在马达加斯加岛和科摩罗岛也常常可以看到长尾花。

另一种兰科植物是香子兰，即著名的"野香草"。主要生长在马埃岛和锡卢埃特岛上。它是一种无叶植物，生长在灌丛和岩石上。花朵颜色为白色，带有肉色的红晕。

4. 瓶子草

塞舌尔群岛上最奇特的本地植物是水壶藤即瓶子草，这是一种攀缘植物，叶狭长，叶中脉延长为卷须，其顶端形成奇特的囊状容器，在降水频繁的雨季，这个囊状体里面经常储水，因此获得"瓶子草"这一名称，这些囊状体事实上是昆虫诱捕器。此外，有一种蚊虫在瓶子草的囊内孵化繁殖。瓶子草生长在马埃岛和锡卢埃特岛的某些山坳内，一般密集生长在一起。

5. 水母树科

塞舌尔群岛上最特殊的植物是水母树科。这是一种小树，横枝四射，叶呈长方形，开圆锥形的白色、粉红色或红色小花。果实为蒴果，雌蕊花柱排列成圈，类似水母的触手。也有些植物学家认为它是一种原始的显花植物。这个"活的化石"仅见于马埃岛的某些山坡岩石缝隙中。据说在 1908～1970 年，该植物被认为已经绝种，但后来人们重新发现了它。

二　动　物

塞舌尔群岛上有一些常见的动物，包括象龟、果蝠、壁虎、石龙子和马岛猬（一种来自马达加斯加的刺猬样的哺乳动物）。也有一些小蛇，但它们并不危险。

被印在塞舌尔国徽上的象龟，主要生活在陆地上，体形巨大（体长可超过 1 米，体重达 200 多公斤）。16 世纪，塞舌尔群岛、留尼汪岛和毛里求斯岛都盛产这种龟。后来由于殖民者的大规模捕杀，除阿尔达布拉群岛外，其他岛上的象龟均濒临灭绝。象龟的性格很温和，喜爱吃掉落的树叶和果子，现在很多象龟被带到了塞舌尔的主要岛屿上，并得到很好的保护。在塞舌尔屈里厄斯岛有一个象龟放养场。

塞舌尔几乎每个岛上都有一些珍稀的鸟类：在弗雷格特岛、库金岛、科西涅岛和阿里德岛有喜鹊（克里奥尔语为 pie chanteuse）；在库金岛、科西涅岛和阿里德岛有塞舌尔莺；在拉迪格岛和丹尼岛有绶带鸟；在普拉兰岛有黑鹦鹉。塞舌尔猫头鹰和塞舌尔红隼在马埃岛生活，伯德岛上生活着成千上万的黑燕鸥（sooty terns）。

第四节　岛屿风光

一　马埃岛

马埃岛是塞舌尔群岛中的最大岛屿。该岛宽 6 公里，长 26 公里，面积 148 平方公里。属花岗岩岛，多山，最高峰塞舌尔山海拔

905 米。岛上集中了全国约 90% 的人口，也是国际机场和首都的所在地。国际机场在它的东部，距离东北部的首都维多利亚市大概有 15 分钟的车程。

首都维多利亚是塞舌尔唯一的城市和港口，位于马埃岛东北岸。维多利亚是全国的经济、政治和商业中心，居住着塞舌尔约 1/3 的人口。在市中心的独立大街圆形广场上，矗立着一座三翼雕塑，它是塞舌尔国家历史的象征，寓意塞舌尔人来自欧、亚、非三大洲，200 多年以来，他们穿越大洋来到这个岛屿国家繁衍生息。

岛上密布着 65 处美丽的海滩。马埃岛上有洛奈港国家海洋公园和圣安妮海上国家公园。圣安妮海上国家公园由 6 个岛屿组成。圣安妮岛在维多利亚以东 4 公里处，是附近 6 个小岛屿中最大的一个，拥有无与伦比的海滩风光。圆岛虽曾是麻风病人的聚居地，但它以绝美的海滩而闻名。这些岛屿中最小的是喀舍岛，至今无人居住。

二 普拉兰岛

普拉兰岛亦称帕尔梅岛，是塞舌尔群岛中的第二大岛屿，长 11 公里，宽 4 公里，面积 42 平方公里。位于主岛马埃岛东北方 45 公里处，为多山的花岗岩岛，最高峰海拔 427 米，山脊沿着岛中心横贯东西。人口占全国的 7%。产椰干、木材、香草和蔬菜（特别是番茄）。科多尔海滩、大海湾是著名的滨海旅游胜地。有两条平行公路纵贯全岛。山区中的五月谷国家公园里有原始森林。马埃谷被列为世界遗产，岛上生长着海椰子树，还有一些特有的鸟类，包括蓝鸽、塞舌尔莺和黑鹦鹉。

三　拉迪格岛

拉迪格岛是塞舌尔群岛中的第三大有人居住的岛，距离马埃岛43公里，距离普拉兰岛不足7公里。该岛面积只有15平方公里。岛上有天然港口，并被珊瑚环礁包围，岛上居民主要居住在西海岸的拉帕斯村和拉雷尤因村。岛内的弗夫自然保护区是濒危动物黑绶带鸟的栖息地。岛内海拔最高点鹰巢山（Belle Vue）位于岛中部，海拔约300米。拉迪格岛以旅游业为主，海滩非常著名，包括银色之源海滩、马隆海滩、格兰德海滩等。

四　其他内岛

除了马埃岛、普拉兰岛和拉迪格岛，其他内岛还有伯德岛、北岛、锡卢埃特岛、弗雷格特岛和德尼岛。这些岛屿位置分散，远离主要岛屿，多为无居民岛或者特色旅游岛，适宜作为海洋保护区进行管理或者开发海岛旅游，是各种稀有物种的保护区。

锡卢埃特岛位于马埃岛以北约20公里处，岛上最高峰是岛班峰（Mt Dauban，海拔约740米）。岛上有蒙东海滩（Anse Mondon）、拉斯卡海滩（Anse Lascar）、帕塔特海滩和格兰德海滩等原生态海滩。锡卢埃特岛以其生物多样性而闻名，这里有很多独一无二的生物栖息地和生态环境。岛上有个小型研究站，致力于保护象龟。

北岛位于锡卢埃特岛以北约6公里处，须乘直升机抵达，岛上的酒店广受赞誉，被誉为在印度洋上最奢华的旅游地之一。

德尼岛是位于马埃岛东北约95公里的珊瑚岛，拥有美丽的海边珊瑚带。德尼岛很小，长仅1.3公里，最宽处只有1.75公里。德尼岛也是各种物种的保护区，其中包括象龟、绶带鸟等。

伯德岛位于马埃岛以北约 95 公里处，是生态游和观鸟的目的地。4 ~ 10 月，成百上千只黑燕鸥、仙女燕鹭等会成群结队地来到岛上筑巢。11 月至次年 3 月，象龟在海岛的沙滩上产卵。

弗雷格特岛距马埃岛仅 20 分钟的直升机路程，是一个海洋野生动物保护区，岛上至少有 7 个海滩，其中包括维克托林海滩（Anse Victorin）和青鱼海滩（Anse Queneau），常被评为世界上最好的海滩。

五　外岛

阿米兰特群岛位于马埃岛西南约 250 公里处，其主岛是德罗什岛（Desroches）。这个珊瑚岛屿群是世界上海上飞钓的最佳场所之一。再向南约 200 公里，是普罗维登斯群岛。

阿尔达布拉群岛是外岛群中最遥远的群岛，其中包括距离马埃岛 1000 多公里的阿尔达布拉环礁（Aldabra Atoll），是自然保护区，已被联合国教科文组织列为世界自然遗产地。阿尔达布拉环礁栖居着 15 万只象龟，还有众多候鸟会定期出现。这个群岛目前只向科研工作者、志愿者和极少数的游客开放。由于有海盗在这片海域出没，阿尔达布拉群岛目前禁止外国人进入。

第二章

历　史

第一节　塞舌尔的发现过程与前殖民
时期的主要活动

15 世纪末 16 世纪初，欧洲兴起了一股去东方世界航海探险并开始殖民掠夺的热潮。在欧洲殖民者向东方的远洋航行中，他们发现了其地图上不曾标出的小块陆地，这就是包括塞舌尔在内的诸多印度洋岛屿。这些岛屿被殖民者发现后，就成为他们远洋航行的暂时落脚地。需要指出的是，在欧洲人到达塞舌尔时，他们发现这些浮出水面的陆地上荒无人烟，只有茂密的森林和独具特色的动物。

在欧洲人到达印度洋岛屿之前，在印度洋上从事远洋航海的有埃及人、腓尼基人、罗马人与阿拉伯人等，还包括印度尼西亚人。已有的研究发现，亚洲的印度尼西亚人和马来人曾在公元前后移民到达东非的马达加斯加岛；挪威传教士和语言学者 O. C. 达尔（O. C. Dahl）博士 1929～1957 年受挪威传教士学会的委派，在马达加斯加长期服务，达尔精通多国语言，认为马达加斯加语与马来语有密切的联系；[①]

---

① O. C. Dahl, Malgache et Maanyan, "Une Comparaison Linguistique," Avhandlinger utgitt av Instituttet 3, Egede Instituttet, 1951.

墨尔本大学 A. 阿德拉尔也发现马来语与马达加斯加语之间的密切关联。① 马来人和印尼人向印度洋西部迁移，最终在马达加斯加岛中部形成了规模不大的梅里纳部落王国。② 尽管东南亚印尼人、马来人的迁移路线尚难以确定，但多数学者认为他们是沿着海岸逐渐向西迁移的；也有学者认为，在印度洋中部有自东向西的强劲洋流，印尼人、马来人正是利用此洋流跨越大洋向西迁移的。③

在历史上众多的印度洋航海旅行中，在大海上航行的人们很有可能发现塞舌尔群岛并将其作为停泊站。阿拉伯人哈桑·伊本·阿里的一条船曾于 975 年到达马达加斯加岛以及马斯克林群岛中的毛里求斯、留尼汪与罗德里格斯三岛，当时他们将其分别命名为"马加平岛"、"摩拉塞岛"和"阿里比岛"。从事海上贸易的阿拉伯人在西印度洋上活动，频繁地穿越塞舌尔群岛附近的海域，或者登岛短暂休息。

塞舌尔群岛的最早名称为"七姊妹岛"，据英国人居伊·利奥内的记载，这是由早期在印度洋上航行的葡萄牙人命名的。在 16 世纪初的航海中，西印度洋上的马斯克林群岛的诸岛屿先后被葡萄牙人发现。据说，葡萄牙的另一位航海家达诺瓦于 1501 年用自己的名字命名了法夸尔群岛；而瓦斯科·达·伽马于 1505 年穿越并且命名了阿米兰特群岛。但他们都没有在岛上进行殖民的

① A. Adelaar, "Malay Influence on Malagasy: Linguistic and Culture-historical Influences," *Oceanic Linguistics*, 1989, 28 (1): 1–36.

② A. I. Bortolot, "Kingdoms of Madagascar: Maroserana and Merina," 2003, https://www.metmuseum.org/toah/hd/madg_1/hd_madg_1.htm#: ~: text = In% 20the% 20central% 20highlands% 2C% 20several% 20small% 20chiefdoms% 20were, political% 20institutions% 20to% 20shape% 20and% 20reinforce% 20centralized% 20rule.

③ Jacques Faublée, "Les Manuscrits Arabico-malgaches du Sud-Est," *Revue Française d' histoire d' Outre-Mer*, 1970, 57: 268–287.

尝试。在塞舌尔国家博物馆网站的一张 1502 年由葡萄牙人绘制的航海地图中，塞舌尔的主要岛屿已经出现在航海图上。这表明，塞舌尔在 16 世纪初已经被发现。

1502 年，达·伽马在航行中发现了塞舌尔群岛，并在他的地图中以"三兄弟"（Trois Frères）的地名标出，这个名字被用来表示马埃岛上的三座地势较高的标志性山峰。而有记录的第一批踏上塞舌尔的欧洲人是英国人，但他们没有定居。在英国东印度公司的第四次远洋航行中，由亚历山大·沙尔佩率领的英国东印度公司探险队，在去往亚丁和塞拉特建立贸易关系的途中经过塞舌尔，并且成功登陆。根据保留下来的航行日记，英国探险队于 1609 年 1 月19 日到达塞舌尔，登陆以后在那里待了 10 天，其间还登上马埃岛附近的北岛。岛上当时无人居住，却多淡水、鱼类、野禽和水果。虽然英国水手们记录了他们对塞舌尔群岛的发现，但英国政府并没有采取任何行动，似乎对这些岛屿没有太大的兴趣。

在 17 世纪和 18 世纪，马达加斯加以及欧洲各国的海盗把塞舌尔当作活动基地，用于船只停泊、维修和物品存储。这些活跃在印度洋的海盗，对来往于塞舌尔附近航路的各国商船时常进行劫掠，并且把劫掠而来的一些物品储藏于岛上的岩洞之中。虽然关于这些海盗活动的文字记载十分稀少，但仍然有充足的证据显示当时海盗活动很频繁，而且一些以此为生的海盗还留下了恶名，其中最臭名昭著的两个海盗是法国人奥利弗·勒瓦瑟尔（Oliver le Vasseur）及其同伴英国人约翰·泰勒（John Taylor）。以他们为首的一批海盗活跃于 18 世纪上半叶，他们大肆劫掠葡萄牙、荷兰甚至英、法等国的过往商船，积聚了大量的财富。但是，海盗也仅仅是临时将塞舌尔作为他们的栖息地，并没有在此定居下来。因此，直到 18 世

纪初法国人到此登陆并将其开发为一块海外殖民地前，塞舌尔基本
上是荒无人烟的原始世界。

　　同其他欧洲列强一样，直到 18 世纪下半叶，法国在印度洋海
域和印度次大陆所进行的殖民活动，基本上都是在东印度公司的推
动和策划下进行的。法国于 1715 年宣布占领毛里求斯，并逐步进
行殖民开发。1735 年，东印度公司任命来自法国布里多尼的伯特
兰－弗朗索瓦·马赫德·拉·波多奈（Bertrand-François Mahéde La
Bourdonnais）为毛里求斯总督，促使毛里求斯的殖民开发进程大大
加速。在对毛里求斯进行殖民开发的同时，东印度公司驻毛里求斯
当局还开展了一系列的殖民勘探和殖民扩张活动。在这一时期，为
了寻找一条从毛里求斯到印度的更快通道，法国将注意力转向了塞
舌尔。毛里求斯总督拉·波多奈派遣探险家拉扎尔·皮考特
（Lazare Picault）去北部的岛屿探险。

　　1742 年 8 月，皮考特率领探险队从毛里求斯出发，远赴塞舌
尔探险，并探究殖民的可能性。登陆后，皮考特将岛屿更名为
"马埃岛"。① 皮考特递交的关于塞舌尔的考察报告明确指出："这
些群岛中至少有 300 处适合人居住的地方，那里的木材、巨龟、鱼
类十分丰富，而且在岛上种植甘蔗和水稻看来不会有任何问题。"
这份报告充分阐明了在塞舌尔殖民的可能性，并得到了东印度公司
的认可。因此，拉扎尔·皮考特被视为塞舌尔重要的探险家，今天

---

　① 1742 年，法国探险家拉扎尔·皮考特在马埃岛首次登陆时，为马埃岛的景观所震撼，
　　将其称为"伊莱·德·拉博丹斯"。当他再次登上马埃岛并绘制地图时，为了纪念他的
　　赞助人伯特兰－弗朗索瓦·马赫德·拉·波多奈，他将岛屿更名为 Mahé，即马埃岛。
　　后来，为纪念路易十五统治时期的财政部部长让·莫劳·德·塞舌尔对殖民开拓的支
　　持，马埃岛被以"塞舌尔"的名字命名。最终塞舌尔成为整个群岛的名称，而主岛仍
　　使用"马埃岛"这一名称。

马埃岛上有用他的名字命名的道路、海湾等。但由于总督人选的变更，以及英、法东印度公司卷入欧洲奥地利王位继承战争，毛里求斯当局一时无暇顾及殖民塞舌尔的相关事宜。

战争平息后，对塞舌尔的殖民占领又一次被提上了议事日程。1756 年 9 月 6 日，受毛里求斯总督 M. 马贡（M. Magnon）的派遣，由科尼尔·莫非（Comeille Morphey）率领一支探险队在塞舌尔的主岛马埃岛登陆，随后对马埃岛及其以东的 7 个岛屿进行了全面的考察，并且最终占领了这些岛屿，将其纳入毛里求斯当局的管理之下。为纪念当时法国财政部部长塞舌尔子爵对探险活动的支持，莫非将这些岛屿命名为"塞舌尔群岛"。虽然法国人对塞舌尔进行了形式上的占领，但由于"七年战争"的爆发，在莫非的探险队登陆后的 12 年间，塞舌尔依然荒无人烟，殖民开发一再延迟。

直到 1768 年，即法国王室接管东印度公司在海外的包括毛里求斯在内的所有属地以后，毛里求斯总督德罗什才派遣尼古拉斯·迪弗雷纳（Nicolas Dufresne）率领探险队前往塞舌尔群岛，目的是测定群岛的具体位置并进行开发前的准备。1770 年，法国人决定在塞舌尔定居，28 人中包括 12 名奴隶和 1 名仆人。随后，大量奴隶（克里奥尔人）被从毛里求斯、马达加斯加、莫桑比克以及印度带到塞舌尔。一个世纪之后，塞舌尔的居民仍然很少，但族群不同，导致了塞舌尔族裔群体的强烈混合，并决定了人口结构的多族裔和多文化特征。

总体而言，尽管在 15 世纪之前来自亚洲与非洲的居民可能到达过塞舌尔群岛，但可以肯定的是，塞舌尔没能成为定居地。1770 年之前，法国人在塞舌尔进行的都是探险和勘察活动，从来没有进行过像在毛里求斯那样的移民和殖民开发活动。因此，当 1770 年殖民者到达塞舌尔群岛时，他们所面对的是荒无人烟但有淡水补给的岛屿，定居与殖民开发，揭开了塞舌尔历史演进的新阶段。

第二节　法国殖民时期

1768 年，法国王室从东印度公司手中正式接管了毛里求斯及其附属地塞舌尔。在法国王室接管塞舌尔的最初两年，塞舌尔依然处于无人状态。这是因为英、法两国在印度洋上的新一轮殖民争夺尚未开始，在殖民当局正全力忙于毛里求斯本土殖民开发的情势下，法国人没有精力去对塞舌尔进行事实上的殖民占领和殖民开发。但是，从 1770 年起，塞舌尔的殖民开发被正式提上了毛里求斯当局的议事日程。

总体而言，在法国统治塞舌尔期间，塞舌尔的殖民开发经历了两个阶段：1770 ~ 1778 年的殖民尝试阶段，在此期间，毛里求斯当局对塞舌尔的殖民开发并不重视，而是采取一种听之任之的态度，从而导致两次小规模的殖民开发最终失败；1778 ~ 1810 年的殖民地建立阶段，英、法殖民争霸战的爆发骤然提高了塞舌尔的战略地位，毛里求斯殖民当局不得不全力投入对塞舌尔殖民地的管理，并将塞舌尔建成一块隶属毛里求斯当局的附属殖民地。

1770 年，对塞舌尔的私人殖民尝试拉开序幕。当年 5 月，法国冒险家布拉耶尔·巴雷（Brayer Barre）向毛里求斯事务官皮埃尔·普瓦弗尔（Pierre Piovre）提出组织人力到塞舌尔从事殖民开发事业的想法。对巴雷的这种私人殖民要求，毛里求斯殖民当局表示首肯，在对塞舌尔进行殖民开发方面，有私人愿意投入资金和人力去打头阵，而不用毛里求斯当局来负担，这正是他们求之不得的。8 月底，由巴雷的属下、队长德洛内率领的"泰莱马克号"船抵达塞舌尔，并且在靠近马埃岛的圣安妮岛上开辟了一块殖民区。这几十名移民和奴隶通过团结协作，克服了恶劣的环境，建造了房屋、仓库，种植了水稻、玉米等农作物，并饲养各种家禽。塞舌尔的初步殖民开发小有成效，首批移民不仅成功地做到了自给自足，而且还向毛里求斯出口一些物品。1771 年，塞舌尔殖民区就向毛里求斯输出了 3700 只海龟、430 只山羊、200 只家禽、2 头小猪、1 头母猪以及大量的鱼油等。圣安妮岛殖民区的成功进一步鼓舞了毛里求斯当局，普瓦弗尔加大了对塞舌尔殖民事业的支持力度，决定送给巴雷 40 个黑人和白人劳动力，以及奶牛、家禽、种子和粮食，让他继续在塞舌尔进行殖民事业。但好景不长，到了 1772 年底，圣安妮岛殖民区的缔造者巴雷因为造谣在塞舌尔岛上发现银矿而企图诱骗三四十个毛里求斯人移居该岛而受到指控，后被逮捕入狱。此时，毛里求斯当局已决定组织人力去塞舌尔从事香料种植，因此对圣安妮岛殖民区的支持力度日渐减小，并最终彻底放弃了圣安妮岛殖民区。1773 年底，奉毛里求斯殖民当局的命令，圣安妮岛殖民区全部移民搭乘"美鸡号"船撤离了塞舌尔，分别被安置到毛里求斯和留尼汪两地。对塞舌尔的首次私人殖民尝试由此宣告失败。

　　1772 年底，受毛里求斯事务官普瓦弗尔派遣，法属印度的一名退役军官——尼古拉斯·吉利奥特（Nicolas Gilliot）在马埃岛东岸的皇家湾（Anse Royale）开辟了一个种植园，并将其命名为"皇家花园"。新殖民区的建立，直接原因在于毛里求斯殖民当局为打破当时荷兰人对于香料的垄断，试图在塞舌尔群岛建立一座香料种植园。吉利奥特不仅带来了一些黑奴作为劳动力，还从各地找来了各种珍贵的香料植物，如豆蔻、胡椒、丁香、肉桂等。1775年后，新任总督德·泰内（De Ternay）和事务官 M. 迪默斯莱（Maillard Dumesle）对香料种植毫无兴趣，因而取消了对皇家花园香料种植事业的支持。1778 年后皇家花园成了吉利奥特的私人租借地，这标志着由官方支持的塞舌尔的殖民事业最后也以失败告终。

1778 年，英、法两国在印度洋的殖民争霸战争再次爆发。毛里求斯新任总督布里朗（Antoine de Guiran La Brillane）认识到，必须采取一切可行的措施来保障法属印度洋殖民地的安全，对塞舌尔建立起有效的殖民统治，以防英国人前来与法国争夺塞舌尔的主权。1778 年 12 月，总督布里朗任命退役军官罗曼维尔（Romainville）出任塞舌尔行政官，并带领 15 名移民，乘坐"海伦号"军舰前往塞舌尔。罗曼维尔此行的目的，主要是在塞舌尔进行殖民开发。此时的毛里求斯当局，希望将塞舌尔开发为一个向印度洋其他殖民地提供各种物品补给和船只建造、维修的重要基地。罗曼维尔率领的 15 名移民，与皇家花园的留守移民一起，构成了塞舌尔的最早定居者。也就是从 1778 年底开始，塞舌尔才正式进入了法国殖民统治时代。

由于法国大革命的爆发，1790 年 6 月 19 日，所有塞舌尔居民（不包括奴隶）一致决定自行成立永久的殖民地议院。11 月 15 日，议院选举了一个由 5 人组成的执行委员会，该委员会被授予市政权力。12 月 16 日，经议院代表表决批准，议院获得刑事和民事审判权。12 月 23 日，议院在一项旨在和毛里求斯断绝关系的决议案中，宣布将脱离任何其他殖民地而独立。1791 年 7 月 17 日，议院还选举了一位治安法官，并成立了一个民事调解委员会，负责处理群众诉讼。由此可见，法国大革命期间，塞舌尔新的政治机构宣告成立并开始运作，表明塞舌尔已暂时脱离宗主国的控制，由此开始了长达10年的当地移民实行自治的一次尝试。在废奴问题上，塞舌尔的移民同宗主国产生了激烈对抗。1793年，法国国民议会通过了废奴法令，要求在法国本土及所有殖民地废除奴隶制。这一法令遭到塞舌尔当地移民的强烈反对，因为一旦实施废奴法令，一方面，对大大小小的种植园主来说，将造成重大的利益损失；另一方面，白人移民对殖民地社会的控制将会遭到严峻挑战。于是，塞舌尔的殖民地议会通过法案，拒绝执行废奴法令。

在拿破仑上台前的18世纪末，英、法两国的殖民争霸战争打响了，塞舌尔首先受到了影响。1794年5月，5艘英国军舰到达马埃岛，司令官亨利·纽科姆（Henty Newcombe）向塞舌尔当局发出最后通牒，要求岛上居民"即刻投降"。当时的塞舌尔行政官德·坎西在强敌压境而无力抵抗的危急形势下，被迫签订了一份投降协议，承认英国对塞舌尔的主权。不过，忙于战争的英国殖民者根本无暇也无力建立对塞舌尔的统治，为此，在两周以后，当英国军舰撤离时，德·坎西很快撤下了英国国旗，升起了法国国旗。

进入19世纪，在英、法两国的殖民争夺中，英国取得节节胜利，法国在印度洋的各殖民地岌岌可危。1810年，英军在毛里求斯的北部登陆，法国被迫投降并签订协议，承认英国对塞舌尔的主权，塞舌尔接受英国的统治；英国人同时承诺，不将投降的当地居民视为战争俘虏，不破坏当地居民原有的法律、宗教、语言、风俗习惯等。1814年英、法殖民战争结束，双方签订《巴黎条约》以后，塞舌尔正式划归英国，法国当局在塞舌尔的殖民统治宣告结束。

第三节　英国殖民时期

一　作为毛里求斯附属地时期

1814年《巴黎条约》签订以后，英国正式确立了对毛里求斯及其附属地塞舌尔的殖民统治。英国人从法国人手里接管了毛里求斯和塞舌尔之后，很快向毛里求斯委任了总督，按照英国的方式来统治这个新兴的殖民地。在1903年以前，塞舌尔作为英国殖民地毛里求斯的一块附属地而存在。对于这块远在毛里求斯1700公里之外的附属地，英国驻毛里求斯当局通过任命和委派司令官（行政官）的方式，实施对塞舌尔的管辖和治理。塞舌尔当地的司令官（行政官）虽然在管治岛屿方面有很大的权力，但是从根本上而言，他仍然要听命于英国驻毛里求斯殖民当局及英国向毛里求斯派驻的总督。

1810年毛里求斯及其附属地塞舌尔接受英国统治以后，整个社会，尤其是那些法裔种植园主关注的中心集中到了奴隶制问题上。在法国人统治时代，毛里求斯和塞舌尔已经形成了大规模的种植园经济，种植园里的劳工绝大多数是从非洲输入的黑奴，奴隶制成为维持毛里求斯和塞舌尔种植园经济的重要基石。作为宗主国的英国，在自由主义力量的倡导下，1833年议会通过了废奴法案，宣布在英国本土以及英国的所有属地（殖民地）废除奴隶制。

然而，在刚刚受降的各法属殖民地，推行废奴法案却面临重重阻力。在这些法裔种植园主看来，一旦废奴法案在殖民地付诸实施，他们的种植园将因为劳动力的"解放"而无法经营，无论是对种植园主个人，还是对殖民地政府来说，都会造成巨大的损失。作为殖民地的社会精英阶层，种植园主对废奴法案表示坚决反对，并声称将坚决捍卫自身权益。在英国殖民部要求废奴以及种植园主阶层反对废奴的双重压力下，殖民当局处于一种进退维谷的境地。最终，殖民当局决定抗拒宗主国的废奴命令而顺应种植园主的要求。塞舌尔行政官德·坎西将军坚决反对废奴法案，认为它不应该在新近受降的法国殖民地付诸实施。考虑到维持殖民地社会稳定和秩序的重要性，英国殖民部只能暂缓在毛里求斯和塞舌尔推行废奴法案。

　　1832 年，英国殖民部决定任命著名废奴主义者约翰·杰里米（John Jeremre）为驻毛里求斯保民官（Procureur General），以保障奴隶们的权益。杰里米来到毛里求斯的当天，在种植园主的策动下，路易港群众抗议活动不断，商店关门，工厂歇业，连准备宣布就任的大法官此时也躲得不见踪影。在这种压力下，毛里求斯总督被迫屈服，将杰里米解职。此后，英国再次将杰里米派往毛里求斯，同时派遣两艘护卫舰前往，以便在需要时进行直接干预。对此，种植园主一方面从舆论上加以反对，另一方面也组建了自己的准军事武装准备对抗，结果再一次导致了杰里米的离职。"杰里米事件"反映了法裔种植园主同英国殖民当局之间分歧的公开化，同时也坚定了英国殖民当局在迫不得已时采取强硬措施解决问题的决心。此后几年间，经过各方之间的协商，法裔种植园主逐渐认识到长期的对抗不是长久之计，他们的态度开始软化，表示可以有条件地废除奴隶制，这个条件就是政府给予一定的补偿以及输入自由劳动力以替代被解放的黑奴。到 1835 年 2 月，在毛里求斯和塞舌尔维持了约 200 年之久的奴隶制正式被废除。作为解放约 66000 名奴隶的补偿，当局向毛里求斯法裔种植园主一共支付了 210 万英镑。同时，为避免奴隶短期内迅速离开种植园而引起劳动力短缺，殖民当局还规定：所有的奴隶必须在原先所在的种植园内以"学徒"身份继续劳动 6 年，此后才可获得自由。不过，由于奴隶的反对，6 年的"学徒期"执行到第 4 年，即 1839 年就宣告结束，毛里求斯和塞舌尔的奴隶从此获得了自由。

二　英国直辖殖民时期

在英国人接管后的整个 19 世纪，塞舌尔的政治生活基本上没有多大的改变。不过随着形势的发展，特别是管理当地事务的一系列政治机构的建立，当地精英阶层要求摆脱毛里求斯的统治而成为直辖殖民地的呼声不断高涨，20 世纪初塞舌尔获得英国直辖殖民地的地位。这成为塞舌尔建立独立民族国家的基础。

正如在法国殖民统治时期一样，英国人接管塞舌尔以后，虽然塞舌尔成为英帝国的一个组成部分，但由于没有多大的经济开发价值和战略价值，因此在 20 世纪以前，英国仍然把塞舌尔作为毛里求斯的附属地，通过驻毛里求斯总督及其殖民当局来实施间接管辖。总体而言，自 1810 年塞舌尔划归英国以后，驻扎在塞舌尔的英国殖民官员数量不断上升，表明"殖民地的重要性在稳步提升，也反映了塞舌尔群岛在逐步脱离毛里求斯岛"。1811～1813 年，英国向塞舌尔派驻了 2 名行政官员，1814～1838 年英国派驻了 3 名行政官员，1868～1888 年英国派驻了 5 名行政官员。1903 年塞舌尔摆脱了毛里求斯的附属地位并成为英国的直辖殖民地后，英国开始向塞舌尔派驻总督兼司令官。

在整个 19 世纪，塞舌尔的进出口贸易日益扩大，但其依附地位使得这些贸易不得不通过毛里求斯殖民当局来进行。塞舌尔进口关税基本由毛里求斯收取，而出口产品也须经毛里求斯加价以后再推向国际市场，毛里求斯当局处于中间盘剥者的地位，极大地损害了塞舌尔白人有地产阶层的利益，引起了他们的不满。

19 世纪 20 年代，塞舌尔种植园主就向英国殖民部提出要求，包括建立塞舌尔自己的进出口口岸、享有独立的关税等。但殖民部对此不加理睬。19 世纪末，塞舌尔有地产者开始抱怨毛里求斯殖民当局忽视塞舌尔并管理不善，向毛里求斯总督请愿，要求建立一个由塞舌尔所有种植园主组成的国民大会，以实施对塞舌尔的有效管理。虽然毛里求斯当局对此加以拒绝，但这些要求却得到英国殖民部的认可。通过对塞舌尔的多次考察访问，毛里求斯总督亚瑟·查尔斯·汉密尔顿·戈登（1870～1874 年在任）认识到，虽然塞舌尔是毛里求斯的附属地，但其与毛里求斯相隔约 1700 公里，在交通运输条件不太发达的情况下，毛里求斯当局确实很难对其实施有效的治理。毛里求斯当局之所以不愿放弃塞舌尔，原因就在于其能从进出口贸易中获取一定的经济利益。如果英国殖民部继续忽视塞舌尔种植园主的要求，他们对毛里求斯当局的不满很可能转化为对英国殖民统治的不满，这样一来不利于英国对这块殖民地的治理。于是，戈登向殖民部提出一项建议，即在一定程度上给予塞舌尔立法、行政和财政方面的更多独立性。殖民部接受了戈登的建议，并逐步在塞舌尔付诸实施。1872 年 11 月，塞舌尔本地的立法机构——民事委员会宣告成立，该委员会由一名首席民事长官负责，还包括由官方任命的司库、地方法官、政府医疗官员，以及 3 名非官方代表。与此同时，塞舌尔的关税和财政也越来越独立于毛里求斯，其进出口不再完全依赖毛里求斯的路易港。不久后，塞舌尔设立了一个教育委员会，它被授权在各学校之间分配政府划拨的教育基金，划拨原则不再是宗教信仰，而是学校的教学质量和效果。为了解决岛上土地分配严重不均的问题，民事委员会开始履行立法职能，先后颁布了几项土地法令，在一定程度上解决了无地农民的生计问题。19 世纪 70 年代塞舌尔所发生的这一系列的变化，充分显示出塞舌尔不断走向独立的一种趋势。到了 1888 年，英国殖民部做出让步，让毛里求斯和塞舌尔分别组建一个由被提名者组成的行政会议。对于塞舌尔而言，这首次使得一些有地产的塞舌尔白人能够在该会议中获得顾问职位，因此能够对政府决策产生一定的影响。这可以被看作塞舌尔人参与殖民时期政治权力的第一步。1897 年，经过英国殖民部的授权，塞舌尔经过英国任命的首席行政官获得了相当于殖民地总督的权力。

1903 年 8 月 31 日，塞舌尔的地位发生了重大转变，它不再是毛里求斯的附属地，而是同毛里求斯一样，成为英帝国的直辖殖民地，直接接受英国的殖民统治，首席行政官也因此获得了总督的头衔。

第四节　塞舌尔独立的历史进程

1918 年塞舌尔成立了"种植者协会"（Planter Association），主要由庄园主组成。在第二次世界大战爆发前夕，塞舌尔"纳税人协会"（Taxpayers Association）于 1939 年宣告成立。参加该协会的人大多是白人中有地产阶层和商人阶层。战后，纳税人协会和种植者协会、塞舌尔总督与英国之间关于立法会议改组和选举权问题的协商持续了两三年时间，立法会议扩大至13人，其中4人由选举产生；鉴于基础教育在塞舌尔仍未普及，故暂对选举人的财产资格做出限制。按此限制，全国3.6万人口中，只有大约2000名成年男子享有选举权。

在1948年立法会议的选举中，由纳税人协会和种植者协会推选的4名候选人在塞舌尔的4个选区选举中大获全胜，从而如愿进入了立法会议，成为塞舌尔政治舞台上一支非常活跃的政治力量。此后10年左右的时间内，大众政党组织还没有组建，拥有选举权的人也集中于那些有财产并受过教育的白人，因此1951年、1954年和1957年的选举都没有改变纳税人协会和种植者协会主宰一切的局面。

1964年，由弗朗斯·阿尔贝·勒内（France Albert René）创建的塞舌尔人民联合党（SPUP）（后更名为"塞舌尔人民进步阵线"，SPPF）和由詹姆斯·理查德·玛瑞·曼卡姆（James Richard Marie Mancham）创建的塞舌尔民主党（SDP）先后宣告成立。塞舌尔民主党由商人和种植园主组成，曼卡姆在1966年和1970年的竞选中成功连任党首。勒内的塞舌尔人民联合党则致力于社会主义和塞舌尔的自由独立。1975年6月，两党联合争取塞舌尔的独立，塞舌尔于一年后获得了独立。曼卡姆成为塞舌尔共和国的首位总统，勒内出任总理。

1976年6月29日，英国对塞舌尔的殖民统治正式宣告结束，塞舌尔成为英联邦内一个独立的主权国家。

第五节　独立后的塞舌尔

一　曼卡姆时期

1976年6月29日，塞舌尔迎来了国家独立庆典。塞舌尔民主党和塞舌尔人民联合党以共同执政的方式组建了以曼卡姆为首的联合政府，曼卡姆任总统，勒内出任总理。独立后，塞舌尔人民联合党在诸多问题上与塞舌尔民主党的对立表现出来，主要表现在与英国的关系上。独立之初，曼卡姆政府开始按照自由资本主义的模式来推行国家的现代化建设。曼卡姆推行的一系列亲英政策以及自由资本主义的政策，引起了具有强烈反英、反殖民倾向的勒内总理及其领导的塞舌尔人民联合党的不满，塞舌尔人民联合党开始开展一系列的反政府活动，国家陷入动荡之中，1977年6月5日勒内发动政变，宣布解散曼卡姆总统领导的政府。

二　勒内时期

弗朗斯·阿尔贝·勒内，1977年6月5日至2004年4月14日期间担任塞舌尔总统。勒内是塞舌尔任期最长的总统，也是争议最多的总统。隶属塞舌尔人民进步阵线，上任之初塞舌尔实行一党执政，1992年之后实施多党制。

1977年6月5日，趁着曼卡姆在伦敦参加英联邦会议的间隙，勒内和一些支持者在首都维多利亚成功地发动了一场军事政变，宣布解散曼卡姆政府，政变支持者推举勒内担任国家临时总统。1979年6月，勒内作为唯一的总统候选人成功竞选。在接下来的几年里，勒内又驱逐了被定为非法党的塞舌尔民主党的众多拥护者以巩固其统治。勒内连续赢得 1984 年和 1989 年大选而连任总统，塞舌尔人民进步阵线作为执政党的地位日益巩固。

勒内上台后，宣布建立"机会均等"的社会主义社会，实行国有化改革，把大部分私人和外资企业、旅馆和土地收归国有，加强国家对经济的控制。为了实现这一目标，从 1978 年起，塞舌尔计划与发展部借鉴其他社会主义国家的做法，着手制订"五年发展计划"，确立国民经济在五年之内的宏观发展目标。

与塞舌尔有利益关联的白人在英国、南非和澳大利亚纷纷开展"抵抗运动"，反对勒内领导的社会主义国家。20 世纪 80 年代，塞舌尔又接连发生了由塞舌尔民主党支持者领导的民间破坏运动、两支军队叛变，还有更多被镇压的政变行动，国内矛盾升级。面对国际舆论压力和国外援助撤出的威胁，勒内在 20 世纪 90 年代初宣布恢复多党制。

在英联邦观察员的监督之下，塞舌尔于 1992 年进行了选举，勒内和其改旗易帜的塞舌尔人民进步阵线赢得了 58.4% 的选票，勒内继续担任总统。同年，前总统曼卡姆重返塞舌尔，代表塞舌尔民主党以 33.7% 的得票率落败。勒内继续掌握国家大权，塞舌尔民主党则继续衰退，甚至连曼卡姆本人也在 1999 年放弃了塞舌尔民主党，支持中立的塞舌尔国家党（Seychelles National Party, SNP）。

三　米歇尔时期

2004 年 4 月，勒内最终放弃了总统之职，让位给与他同甘共苦的前副总统詹姆斯·阿里克斯·米歇尔（James Alix Michel）。

在与反对党候选人韦维尔·拉姆卡拉旺（Wavel Ramkalawan）展开激烈角逐后，代表塞舌尔人民进步阵线的米歇尔获得了53.3%的选票，并最终赢得了2006年的总统大选。米歇尔为了巩固其领导地位，打击政治对手，他于2007年3月提前解散了国民议会，引来了反对党通过集会活动持续进行的联合抵制。在2007年5月的议会选举中，塞舌尔人民进步阵线获得18个席位，由韦维尔·拉姆卡拉旺领导的反对党塞舌尔国家党占7个席位，反对党称本次议会选举受政府操控。

在经济方面，米歇尔未能在担任总统之后改变经济停滞状态，负债严重的塞舌尔政府2008年被迫向国际货币基金组织（IMF）寻求援助。通过一系列的经济开放改革措施，包括卢比自由流通、废除外汇管制、削减巨额的政府开支，塞舌尔的国际旅游业和海洋渔业迅速复苏。

四　富尔时期

丹尼·富尔（Danny Faure）在2016年10月16日至2020年10月26日期间担任总统，隶属塞舌尔人民党。丹尼·富尔在任期间是塞舌尔经济发展最好的时期之一，2017～2019年塞舌尔人均GDP均达到14000美元以上。丹尼·富尔曾任塞舌尔副总统、财政部部长等，有丰富的财政金融管理经验。[①]他重视塞舌尔经济的稳定和可持续发展，重视发展与环境保护，将发展重点放在小岛屿开发与海洋环境保护上，持续发展旅游经济，使塞舌尔成为印度洋

---

① "Danny Faure Biography," https：//www. howold. co/person/danny - faure/biography，最后访问日期：2021年10月17日。

岛国中的佼佼者。在任期间,他坚持多边合作和对华友好合作,积极推进中塞合作与交流。卸任总统之后关注塞舌尔发展,2021 年成立了富尔基金,旨在支持加强海洋管理、发展蓝色经济和社会治理,助力塞舌尔经济社会发展。① 在 2020 年 10 月的总统选举中,丹尼·富尔以 45.1% 的得票率败给韦维尔·拉姆卡拉旺,拉姆卡拉旺当选塞舌尔第五任总统。

五 拉姆卡拉旺时期

拉姆卡拉旺上任之后,面临的最大挑战是新冠疫情对塞舌尔旅游业的巨大冲击。2020 年塞舌尔 GDP 增长率为 −7.7%,通货膨胀率、失业率上升。防控疫情与复苏经济成为本届政府的工作重心之一。

---

① "Danny Faure Biography," https://www.howold.co/person/danny – faure/biography,最后访问日期:2021 年 10 月 17 日。

第三章

政治与军事

第一节　政治演变[①]

一　独立之前

作为英国殖民地，塞舌尔人没有政治与民主的权利。1918 年，塞舌尔种植者协会成立，在改善工作环境与税收方面争取权益。但最初的种植者协会关注富人、白人庄园主的利益，而不是其雇用的工人。1939 年，主要由富有的白人庄园主组成的纳税人协会成立，这是塞舌尔第一个真正意义的政治团体。

1948 年，塞舌尔举行立法委员会的选举，但仅限于识字的人有选举权，在 36000 多人中，只有约 2000 人有选举权。立法委员会的代表大多数是种植园主或纳税人协会的成员。

1964 年，弗朗斯·阿尔贝·勒内发起成立塞舌尔人民联合党，詹姆斯·曼卡姆成立了塞舌尔民主党，两人均在英国接受教育后返回塞舌尔，两党在立法委员会席位上几乎平分秋色。1975 年 6 月，塞舌尔人民联合党与塞舌尔民主党组成联盟，与英国就塞舌尔独立

---

① Politics of Seychelles, https://www.detailedpedia.com/wiki - Politics_ of_ Seychelles.

问题进行谈判，达成非正式的协议：在立法委员会设立 10 个席位，两党均分，8 位内阁部长也在两党均分，由曼卡姆担任首席部长。

二　从多党制向一党执政的转变

塞舌尔独立初期秉持多党合作制，塞舌尔民主党主席曼卡姆任总统，塞舌尔人民联合党主席勒内任总理。1977 年 6 月 5 日，在曼卡姆出国参加英联邦会议时，勒内发动政变，自任总统。1979年，未经公民投票实施新宪法。在此期间，塞舌尔人民联合党正式更名为塞舌尔人民进步阵线，成为奉行社会主义国策的唯一执政党。1979 年还举行了新的选举，勒内正式当选为塞舌尔总统。

勒内执政后，实行一党制，坚持社会主义的发展方向，推行医疗、教育免费的高福利政策，保持了政局的长期稳定，大力发展经济，塞舌尔成为非洲人均 GDP 最高的国家。

三　政治民主化与多党制

在冷战结束、国内外民主运动的推动下，塞舌尔国内民主化呼声日益高涨。1991 年塞舌尔开始实行多党制。1992 年曼卡姆返回塞舌尔，勒内在 1993 年 7 月、1998 年 3 月、2001 年 9 月三次蝉联总统。根据新的宪法，勒内 2004 年 4 月将总统职务移交副总统米歇尔。2005 年 4 月，塞舌尔人民进步阵线党代会确定米歇尔为次年总统大选该党候选人。2006 年 7 月，塞舌尔举行独立以来的第四届总统选举，米歇尔以 53.3% 的得票率当选总统。2007 年 5 月，塞舌尔举行议会选举，塞舌尔人民进步阵线获得 56.2% 的选票，保持议会多数。2011 年 5 月，塞舌尔举行总统选举，人民党主席米歇尔以 55.5% 的得票率蝉联总统。2015 年 12 月，经过两轮投票，米歇尔以 50.2% 的得票率第三次当选总统。2016 年 9 月 27 日，米歇尔宣布辞去总统职务，由副总统丹尼·富尔继任并完成该届总统的剩余 4 年任期。10 月 16 日，富尔宣誓就职。在 2020 年 10 月的总统选举中，2016 年成立的塞舌尔民主同盟（LDS，由塞舌尔国家党、塞舌尔联盟、塞舌尔社会正义与民主党和塞舌尔联合党组成，其中塞舌尔联盟于 2018 年退出）推荐拉姆卡拉旺竞选总统，拉姆卡拉旺赢得大选，这是塞舌尔独立 40 多年来反对党第一次赢得总统大选。

第二节　政治制度

一　宪法

塞舌尔现行宪法于 1993 年 6 月制定并生效，截至 2017 年 4 月已进行 8 次修改。宪法规定：塞舌尔实行立法、行政、司法三权分立，总统为国家元首兼政府首脑、全国武装部队总司令，由普选产生，任期 5 年，可连选连任 1 届，由总统组阁，部长个人对总统负责，部长集体对内阁负责。总统可在第一或第二任期内就职满一年后的任何时期，以公告形式要求举行下届总统选举，亦可在总统候选人提名日之前将该公告取消。最新修订的宪法对总统权力交接做出新规定：如当选总统去世、辞职或者被罢免，应在 90 天内重新举行选举，副总统接替总统职位不得超过 90 天。

宪法任命委员会（Constitutional Appointments Committee）是塞舌尔重要的独立决策机构，履行宪法和其他法律授予的职权，行使职权时不受任何人或机构的控制，由 5 人组成，其中总统和反对党领导人各提出 2 名人选，第 5 名人选由被提名的 4 人任命。现任主席是热雷米·博纳拉姆（Jeremie Bonnelame），2007 年 7 月就任。司法权属最高法院。

二　选举制度

塞舌尔主要采用成人普选、单选区多数当选制和比例代表制相结合的混合制选举，总统选举每 5 年举行一次，但不一定同时举行。总统选举由成年人普选产生，如果没有候选人获得绝对多数（超过 50%）选票，则在前两位候选人之间再进行一轮投票。一院制的国民议会有 25 名成员来自单一选区（根据宪法，马埃岛不得少于 19 个选区，普拉兰岛不少于 2 个，内岛不少于 1 个），通过简单多数选举产生。9 名成员采用比例代表制从得票超过 10% 的政党中选出。

根据塞舌尔宪法，任何年满 18 周岁且居住在塞舌尔的公民均有权登记为选民，除非被法院定罪监禁超过 6 个月、精神异常或居住在塞舌尔境外的公民。在投票时，选民须在其登记的选区投票，但任何参与国民议会选举的人与任何参与国民议会选举登记进程的人将丧失投票权。

根据宪法设立的选举委员会起到监督作用，取代以前负责举行选举的选举专员办公室。选举委员会由 1 名主席和 6 名成员组成，全部由总统从宪法任命委员会提名的候选人中任命。宪法任命委员会由总统任命的两人和反对党领袖任命的两人组成，在任命后 21 天内，由总统和反对党领袖任命的 4 名成员应经一致同意任命第 5 名成员。每次选举或全民投票后 90 天内，选举委员会应向总统和国民议会提交一份关于选举或全民投票进行情况的报告。

三　议会

塞舌尔的议会称国民议会，为一院制，是最高立法机构，议员任期5年。本届议会于2020年10月成立。共有35名议员，其中26名由各选区直接选出，9名按各政党得票总数的比例选出，25名议员来自执政党塞舌尔民主联盟，10名来自反对党联合塞舌尔党。议长为罗杰·曼西安纳（Roger Mancienne）。

四　政府

塞舌尔实行总统制。内阁为国家最高行政机构，负责制定和执行国家政策。本届政府于2020年11月组成，现有15名成员，总统是韦维尔·拉姆卡拉旺，副总统是艾哈迈德·阿菲夫（Ahmed Afif）。内阁有13位部长，包括渔业部部长让－弗朗索瓦·费拉里（Jean-Francis Ferrari），财政、经济规划和贸易部部长纳迪尔·哈桑（Naadir Hassan），外交和旅游部部长西尔韦斯特·拉德贡德（Sylvestre Radegonde），内政部部长埃罗尔·丰塞卡（Errol Fonseka），交通、陆路运输、民航、港口和海运部部长安东尼·德雅克（Anthony Derjacques），卫生部部长佩姬·维多（Peggy Vidot），土地和住房部部长比利·朗加萨米（Billy Rangasamy），青年、体育和家庭事务部部长玛丽·塞利娜·齐亚洛（Marie Celine Zialor），投资、企业和工业部部长德薇卡·维多（Devika Vidot），地方政府和社区事务部部长罗丝·玛丽·瓦罗（Rose Marie Hoareau），农业、气候变化和环境部部长费拉维安·茹贝尔（Flavien Joubert），教育部部长朱斯坦·瓦朗坦（Justin Valentin），就业和社会事务部部长帕特丽夏·弗兰古（Patricia Francourt）。

五　司法机构

塞舌尔司法机构由最高法院、上诉法院、治安法院和租赁委员会组成。最高法院由大法官、陪席法官和助理法官组成。上诉法院由院长、两名或两名以上上诉法官和文职法官组成。总检察长为政府的首席法律顾问。总统根据宪法任命委员会提议任命总检察长、大法官、上诉法院院长、上诉法官、助理法官等，上述职务任期均为 7 年，在总检察长、大法官任职期间，不得解除其职务。此外还设有制宪法庭，专门受理违宪诉讼，保证宪法的权威性。总检察长为弗兰克·唐纳德·罗伯特·阿里（Frank Donald Robert Ally）。最高法院大法官是罗伊·戈文登（Rony Govinden）。上诉法院院长为安东尼·费尔南多（Anthony Fernando）。

六　政党

目前，塞舌尔主要政党如下。

（1）联合塞舌尔党（United Seychelles）：反对党，前身为塞舌尔人民联合党，创建于 1964 年，是领导塞舌尔人民开展争取独立斗争的两个政党之一。1978 年 6 月更名为塞舌尔人民进步阵线。2009 年 6 月更名为塞舌尔人民党。2018 年 12 月更名为联合塞舌尔党。联合塞舌尔党是塞舌尔当前最大政党，现有党员约 2 万人。现任党主席为帕特里克·赫米尼（Patrick Herminie），秘书长为迪克·埃斯帕龙（Dick Esparon）。前总统勒内被授予"党的创始领导人"称号，前总统米歇尔被授予荣誉主席称号。

（2）塞舌尔民族党（Seychelles National Party）：塞舌尔民主联盟中的 3 个政党之一，1993 年成立，1998 年改为现名，在执政联盟三个党中力量最强。韦维尔·拉姆卡拉旺为党主席，1993 年、1998 年两次任国民议会议员并任议会反对党领袖。总书记为罗杰·曼西安纳（Roger Mancienne）。2015 年，拉姆卡拉旺参加总统大选，在首轮投票中获得 33.9% 的选票，在第二轮投票中得到塞舌尔联盟和塞舌尔社会正义与民主党等的支持，获得 49.85% 的选票。

（3）塞舌尔大众民主运动（Seychelles Popular Democratic Movement）：第三势力，2011 年成立，主席为戴维·皮埃尔（David Pierre）。皮埃尔原是塞舌尔民族党副秘书长，2011 年塞舌尔民族党抵制议会选举，皮埃尔便辞去塞舌尔民族党职务，建立了塞舌尔大众民主运动，参加了 2011 年 9 月的议会选举，获得了 10.9% 的选票。皮埃尔当选为议会反对党领袖。2015 年，皮埃尔参加总统大选，在首轮投票中获得 2.2% 的选票。

（4）塞舌尔联盟（Lalyans Seselwa）：第三势力，2015 年 4 月成立，由几位退休的塞舌尔人民党前部长和塞舌尔人民党成员等组成。主席为帕特里克·乔治·皮莱（Patrick Georges Pillay），曾任政府多个部门部长、驻法国大使和国民议会议长等职。2015 年，皮莱参加总统大选，在首轮投票中获得 14.2% 的选票，在第二轮投票中与塞舌尔民族党结盟。

（5）塞舌尔社会正义与民主党（Seychelles Party for Social Justice and Democracy）：塞舌尔民主联盟中的 3 个政党之一，2015 年 4 月成立。主席为阿力克西娅·阿姆斯柏瑞（Alexcia Amesbury），现为律师。2015 年，阿姆斯柏瑞参加总统大选，在首轮投票中获得 1.3% 的选票，在第二轮投票中全力支持塞舌尔民族党主席拉姆卡拉旺。

（6）塞舌尔联合党（Seselwa United Party）：塞舌尔民主联盟中的3个政党之一。前身为1964年曼卡姆创立的塞舌尔民主党。2005年1月，曼卡姆辞去塞舌尔民主党主席职务。2011年更名为新民主党，2013年更名为塞舌尔联合党。现任党主席为罗伯特·厄尔奈斯塔（Robert Ernesta）。

塞舌尔民族党、塞舌尔社会正义与民主党、塞舌尔联合党联合组成塞舌尔民主联盟，于2020年10月赢得总统大选和议会选举，获得执政地位。

第三节　重要政治人物[①]

詹姆斯·曼卡姆，出生于1939年8月11日，卒于2017年1月8日，塞舌尔政治家，塞舌尔首任总统，有中国血统，中文名为"陈文成"，祖籍广东顺德。曾留学英国、法国和瑞士。1970～1975年担任塞舌尔总理，1976年6月任总统，1977年6月失去总统位置之后，曼卡姆在英国长期居住。1992年后返回塞舌尔，晚年在塞舌尔大学和平与外交国际研究中心工作，出版《塞舌尔》（2005）、《天堂掠夺》（1983）等著作。

丹尼·富尔，前总统，1962年5月8日出生，政治学学士。早年加入塞舌尔人民进步阵线，后成为该党青年团主席，并当选塞舌尔人民进步阵线中央委员会委员。2009年6月任塞舌尔人民党总书记。先后担任教育部部长，青年、体育和家庭事务部部长，财政、经济规划和贸易部部长，指定部部长等职务。2010年7月起任副总

---

① 现代国际关系研究所《现代非洲名人录》编辑组编《现代非洲名人录》，时事出版社，1987。

统。2016 年 10 月 16 日接任总统。2017 年 6 月起不再担任塞舌尔人民党（现更名为"联合塞舌尔党"）总书记、中央委员。

弗朗斯·阿尔贝·勒内，原塞舌尔总统，1935 年 11 月 16 日出生于马埃岛。1957 年在英国南安普敦的圣玛丽学院学习法律，后在伦敦国王学院完成了大学教育，1961 年再次去英国学习政治学。1957 年获律师资格，1958 年回国当律师，1964 年创建塞舌尔人民联合党，任主席。1965～1970 年为国会议员，1970～1971 年为立法议会议员。1970 年塞舌尔实行内部自治，他是议会反对党领袖。1975 年塞舌尔人民联合党与曼卡姆领导的塞舌尔民主党联合成立内部自治政府，他出任公共工程和土地开发部部长。1976 年塞舌尔宣布独立，他出任总理兼领土整治部部长。1977 年 6 月发动政变，出任总统兼行政、财政、工业、运输和地方事务部部长。1984 年内阁改组又兼任外长。1978 年 6 月塞舌尔人民联合党改名为塞舌尔人民进步阵线，任主席。1984 年连选连任。1975 年、1978 年和 1983 年三次访问中国。

丽塔·西农（Rita Sinon），塞舌尔人民进步阵线指导委员会委员、对外事务书记。多年从事妇女工作，曾率代表团参加在苏联召开的国际妇女联盟会议。1982 年当选为塞舌尔妇女协会全国委员会主席。在塞舌尔人民进步阵线内，1978 年和 1981 年两次当选为助理司库。1984 年被任命为塞舌尔人民进步阵线指导委员会委员、对外事务书记。

盖伊·菲利帕·弗朗科斯·西农（Guy Philippe Francois Sinon），塞舌尔人民进步阵线前总书记，政界知名人士。1933 年10 月 27 日出生于马埃岛。曾在埃及陆军教育中心、内罗毕英国教师学院学习。1976 年 6 月塞舌尔独立后，出任国民教育与社会发展部部长。1977 年勒内执政改组内阁后，出任外交部部长。1979 年任行政和政治组织部部长。1978 年塞舌尔人民联合党更名为塞舌尔人民进步阵线，他当选为总书记，连任到 1984 年6 月。

詹姆斯·阿里克斯·米歇尔，2004 年 4 月 16 日至 2016 年 10 月 16 日期间担任总统，隶属塞舌尔人民进步阵线/塞舌尔人民党。米歇尔从 1977 年开始步入政界，在公共管理、信息技术、教育、经济、国防、交通等相关的政府部门任职，在促进塞舌尔现代通信发展、推行 14 年免费和均等教育、关注高等教育和发展蓝色经济等方面做出巨大贡献；在任总统期间，积极推进国家机构改革，减少财政开支，受到国民喜爱。在国际影响力方面，积极参与国际小岛屿国家的对话活动，受到国际社会的关注。在任期间，成立了蓝色经济部，离任之后成立了詹姆斯·米歇尔基金，支持蓝色经济，关注气候变化和可持续发展问题。① 因为 2015 年塞舌尔修改国家宪法，总统任期不能超过两届，故未能继续参选和连任总统。

韦维尔·拉姆卡拉旺，现任总统，1961 年 3 月 15 日出生，毕业于英国伯明翰大学，获得神学硕士学位。1985 年成为牧师，20 世纪 90 年代初担任国会议员，1998 年、2001 年、2006 年、2011 年、2015 年 5 次参加总统选举，均败选。2016 年，拉姆卡拉旺联合其他反对党组建塞舌尔民主联盟，在议会选举中历史性地赢得多数席位，为在 2020 年 10 月大选中胜出奠定了基础。

---

① "James Alix Michel—Former President of the Republic of Seychelles," https://www.jamesalixmichel.com/biography，最后访问日期：2021 年 10 月 17 日。

第四节　军事

一　简况

1977 年之前，塞舌尔只有警察，没有军队。为维护新成立的塞舌尔共和国的领土与主权，1977 年 6 月塞舌尔政府开始设立军事部门，发展自身军事力量。1980 年，塞舌尔的军事力量被称为"塞舌尔人民国防军"（Seychelles People's Defence Forces），分设陆军、海军和空军，1992 年海军与空军组成了海岸警卫队。塞舌尔总统是武装部队的最高指挥官和国防部部长，军事武装人员总数约 2050 人，有约 800 名陆军人员，其中包括 300 名总统保护部队人员。陆军有一个步兵营和两个炮兵分队。军事武装力量还包括一支由 1000 人组成的国民警卫队和一支 250 人左右的海岸警卫队。2018 年，塞舌尔军事开支占 GDP 的 1.44%。[①]

20 世纪 80 年代，塞舌尔军事力量弱小，军事人员缺少军事培训和日常训练，虽拥有运兵车、大炮、迫击炮、巡逻艇等，但很少使用。由于大部分装备年久失修，军事力量非常有限。

塞舌尔海岸警卫队成立于 1992 年。20 世纪 90 年代，位于维多利亚港的海岸警卫队的海军联队拥有 5 艘不同类型的巡逻艇和 1 艘两栖登陆艇，负责塞舌尔 140 万平方公里的海洋专属经济区的巡逻，执行打击海盗、打击走私、禁毒和搜救任务，海军联队的能力极其有限，很少有两艘以上的舰艇同时行动，参加海上巡逻的人数也有限。

---

① https://theodora.com/wfbcurrent/seychelles/seychelles_ military.html.

进入 21 世纪，塞舌尔的海洋地缘战略位置十分重要，发达国家和新兴经济体重视与塞舌尔的军事合作，加强对塞舌尔的军事援助。塞舌尔政府也注意到军事武装力量在打击恐怖袭击、海盗、走私、贩毒和非法捕捞等方面的作用，以及在搜救、紧急医疗事件应对等人道主义方面也发挥越来越重要的作用。

二 军事武装存在的必要性

塞舌尔地处印度洋中西部海域，远离亚洲和非洲大陆，长期被视为没有受到"各种威胁"的国家。因此，塞舌尔国内也有一种声音，即去军事化。一些人希望塞舌尔取消人民国防军，认为政府在军队上花费得太多。然而，面对复杂的国际形势和海洋安全，进入 21 世纪，在应对海盗、打击非法捕捞、打击走私与贩毒和应对人质危机事件中，军事力量的存在显得日益重要。

2010 年 11 月 25 日，塞舌尔国防部部长兼武装部队总司令詹姆斯·米歇尔总统在塞舌尔国防日发表讲话，强调了加强军队建设的重要性，并对塞舌尔人民国防军提出了新的发展愿景，包括在进行一系列"协商"基础上的军队改革，从 2011 年 1 月推出一项新的"服务计划"，将为人民国防军（1976 年 6 月人民解放军创建，1980 年改称人民国防军）提供更高的工资和新的养老金计划；推进塞舌尔军事武装力量结构和程序的现代化，引进新军事装备和设施，包括现代雷达和通信系统；鼓励士兵认真服役，为士兵提供职业指导，以及提供更多高水平培训和新福利计划。

三 军事合作

作为一个没有军事工业支撑的国家，塞舌尔的军事武装力量在人员数量、军事装备以及军事素养方面均十分落后。进入 21 世纪，塞舌尔支持打击索马里海盗的行动，并与有关国家积极开展军事合作。

塞舌尔海岸警卫队负责 140 万平方公里海洋专属经济区内船只事故的搜索和救援、维护港口航运安全、保护海洋环境以及打击海盗等任务。塞舌尔海岸警卫队有多艘巡逻艇，这些巡逻艇来自不同的国家，主要是其他国家捐助塞舌尔的二手巡逻艇与救生艇，每艘巡逻艇上配备 25 名船员与海岸警卫队队员。由于海岸警卫队总人数较少，因此无法满足塞舌尔辽阔海域的正常海上巡逻。

海上飞机巡逻在打击海盗、非法捕捞以及走私活动中发挥了重要作用。塞舌尔拥有的海上巡逻机以及教练机数量有限，其中有英国、印度捐赠的巡逻机，如英国早期的 BN－2A 和印度生产的 228 型多尼尔（Dornier 228）。通常执行海上巡逻的飞机与海军联队的巡逻艇联合作业，搜寻进行非法捕捞和走私活动的船只，飞机还执行轻型运输、搜救和医疗紧急救援任务。塞舌尔航空公司的"水獭"水上飞机有时也提供海上巡逻服务。

为帮助塞舌尔开展海上巡航、保障海洋安全，2011 年 5 月，中国航空工业公司捐给塞舌尔两架运－12 小型飞机，并让塞舌尔两名飞行员和两名技术员在中国进行培训。为打击索马里海盗，美国以塞舌尔为基地对塞舌尔西北海域进行无人机巡航。2012 年，为满足塞舌尔海上巡逻的需要，印度政府向塞舌尔提供一架 228 型多尼尔飞机和机组人员，提供反海盗巡逻。2013 年 1 月，印度赠送的 228 型多尼尔海上飞机到达塞舌尔，帮助塞舌尔更好地巡逻其海洋专属经济区，防范海盗活动、恐怖事件和打击非法捕捞等。

2001 年以来，印度和塞舌尔为期两周的"拉米蒂"（克里奥尔语为"友谊")联合军演,每两年举行一次,40 多名印度军人和50 多名塞舌尔军人参加,旨在提升两国军队在打击叛乱、反恐和打击海盗行动中的能力。

2016 年,塞舌尔与法国军队举行"黑鹦鹉"军事演习,重点打击毒品走私。法国和塞舌尔的 150 名军人参加了为期五天的演习,演习中捣毁一个在塞舌尔主岛马埃岛西海岸建立基地的贩毒团伙,演习目的是提高打击犯罪团伙的能力,提升反恐、打击犯罪分子的战术能力。

21 世纪以来,塞舌尔高度重视海洋经济,在渔业部专门成立了蓝色经济司,并制订了国家蓝色经济计划,军事力量在保障海上安全、应对恐怖袭击与打击非法捕捞等挑战中发挥重要作用,塞舌尔对外军事合作力量不断加强。2014 年塞舌尔外交部公开指出,不会接受任何国家提出的在塞舌尔建立军事基地的要求,对所有国家的船只停靠维多利亚港提供物流、加油、停泊休息的服务。①

① S. Uranie, "Seychelles-No Foreign Military Base Allowed," Syechelles News Agency, 2014 - 02 - 27, http: //www. seychellesnewsagency. com/articles/31/Seychelles + - + No + foreign + military + base + allowed.

第四章

经　济

第一节　概述

一　经济概况

塞舌尔是非洲联盟、南部非洲发展共同体、英联邦和联合国的成员国。1976 年宣布脱离英国独立后，塞舌尔从以农业为主的经济逐渐发展为以市场为基础的多样化经济，旅游业和服务业迅速发展，超过了农业。虽然外部形势逐渐趋于稳定，但由于塞舌尔严重依赖进口商品和外国投资资金，其结构脆弱性依然存在。1998～2001 年，由于旅游业和金枪鱼行业不景气，塞舌尔经济增长放缓。此外，对汇率的严格控制和外汇的稀缺也影响了经济发展。受全球经济衰退和"9·11"恐怖袭击事件的影响，塞舌尔随后几年经济发展缓慢。

根据国际货币基金组织的数据，塞舌尔经济在 2004 年和 2005 年下降了约 2%，2006 年又下降了 1.4%，塞舌尔人均收入不断下降。然而，塞舌尔经济在 2007 年出现反弹，增长 5.3%，这归因于蓬勃发展的旅游业。

2008～2013 年，塞政府实行与国际货币基金组织商定的经济改革方案，主要内容包括重组外债、货币贬值、财政紧缩并鼓励储蓄和投资、精简公职人员、增收节支等。2011 年，塞舌尔与所有债权国达成债务重组协议。政府大力推进私有部门发展，加强国企管理，取得显著成效。塞舌尔经常项目赤字庞大，结构性赤字主要由外国直接投资提供资金。截至 2021 年底，塞舌尔政府外债总额占 GDP 的 74%，相较 2020 年下降了 20 个百分点，这一数字预计在未来将进一步下降。

2019 年，塞舌尔的人均 GDP 达 17252 美元，是非洲人均收入最高的国家，是非洲少数几个拥有高人类发展指数（Human Development Indicators）的国家之一，也是非洲唯一被世界银行列为高收入经济体的国家。服务业（主要是旅游业、金融业）带动经济增长。① 2018 年的游客人数为 361844 人（是常住人口的 3.5 倍以上），比 2017 年增长了 3%。欧洲仍然是塞舌尔的主要客源市场，其他地区的游客也有所增加，这主要得益于更多航线的开通。2018 年第三季度的失业率为 3.5%，表明劳动力市场紧张，男性（4.2%）的失业率高于女性（2.9%），青年失业率为 14.5%。根据《2018 年人类发展指数报告》，塞舌尔人类发展指数为 0.797，在全球 189 个参评国家中列第 62 位，居非洲第 1 位。2014～2021 年塞舌尔主要经济指标见表 4-1。

---

① African Development Bank Group, https://www.afdb.org/en/countries/east - africa/seychelles.

表 4 - 1　2014～2021 年塞舌尔主要经济指标

	2014 年	2015 年	2016 年	2017 年
国内生产总值(亿美元)	13.9	14.2	14.9	15.7
国内生产总值实际增长率(%)	4.5	5.6	5.4	4.5
人口(人)	91359	93419	94677	95843
人均 GDP(美元)	15188.2	15157.5	15740.1	16416.7
出口(百万美元)	540	415	460	547
进口(百万美元)	1144	991	1040	1302
	2018 年	2019 年	2020 年	2021 年
国内生产总值(亿美元)	16.4	16.8	12	13.2
国内生产总值实际增长率(%)	3.2	3.1	-7.7	1.8
人口(人)	96762	97625	98462	99202
人均 GDP(美元)	16910.7	17252	12193.9	13306.7
出口(百万美元)	569	518	432	414
进口(百万美元)	1271	1167	1004	1105

资料来源：世界银行，https://databank.worldbank.org/。

二　经济结构

英国殖民统治时期的 20 世纪，塞舌尔已形成了相对独立但十分脆弱的经济体系。在这个经济体系中，农业是其根本，农产品大多用来出口；渔业是渔民们维持生计从事的主要行业，少量剩余的水产品也用于出口；工业只是一些最基本的初级加工业，生产一些技术含量低的产品。以旅游业为代表的第三产业在 20 世纪 60 年代中期以后兴起，迅速成为一个颇有发展潜力的产业部门。

独立以后，塞舌尔政府在调整产业结构、促进经济全面健康发展方面，采取了种种措施，并取得了一定成效。对于传统的农业，必须发挥资源优势，加大生产和出口力度，提高国家的出口创汇能力。虽然没有改变初级农产品的生产和出口状况，不过，根据国际市场上需求的变化，主要的三大出口产品，已经从椰子、肉桂和香子兰，变成了椰子、肉桂和茶叶。现代技术设备的运用极大地推进了渔业的发展，使得水产品不仅能维持国内市场的需要，还能大量用于出口。同时，发展小型加工业和制造业，不仅包括农产品和水产品的初级加工业，还包括满足国内消费需求的啤酒加工业、烟草加工业以及服装加工业等。独立之前已具雏形的旅游业，在勒内当政时期，由于国家政策的大力扶持而发展迅猛，其创汇额连年稳步上升，已经超过农产品和水产品的出口额，居首位，成为国民经济的第一支柱。

　　经过几十年的努力，塞舌尔政府经济政策的调整卓有成效。到20世纪末，塞舌尔的单一经济格局已得到改变，经济结构正在向多样化方向迈进，以旅游业为主的服务业成为塞舌尔最重要的经济产业，并将继续在国民经济中发挥主导作用。

　　塞舌尔的经济结构以服务业为主，旅游业、渔业和鱼类产品加工业对GDP的贡献最大，高度依赖国际贸易和服务，旅游业占国内生产总值的约1/4，并提供了约30%的就业机会和70%的外汇收入。塞舌尔有着世界上主要的金枪鱼渔场之一，拥有约140万平方公里的专属经济区，金枪鱼捕捞和加工业就业人数约占总就业人口的7%，出口额占总出口额的35%；此外，公共事业和建筑行业约占国内生产总值的5%，而第一产业产值只占国内总产值的3%。[①] 多样化的经营极大地促进了塞舌尔的经济发展，改

---

① World Development Indicators Database, World Bank, July 2019.

变了几十年前的贫困落后面貌,如今的塞舌尔已成为非洲人均收入最高的国家之一。2014～2020年塞舌尔各行业产值见表4-2。

表4-2 2014～2020年塞舌尔各行业产值
（按当前市场价格计算）

单位：百万塞舌尔卢比

	2014年	2015年	2016年	2017年	2018年	2019年	2020年
农业	220.2	232.1	237.5	246.1	248.6	248.2	262.9
渔业	192.0	195.8	206.0	344.0	344.4	377.5	260.0
渔产品加工业	811.4	742.2	742.9	740.5	757.2	610.6	792.8
其他食品加工业	30.0	32.2	32.5	35.4	35.6	35.7	45.6
饮料和烟草加工业	270.2	240.6	249.8	279.4	314.4	315.7	289.2
其他加工业	174.0	173.0	200.3	188.0	216.2	274.4	250.5
电力、燃气、蒸汽和空调供应	343.6	420.4	433.8	417.2	405.4	544.2	506.9
供水,污水处理、废物管理及补救业	83.7	95.5	106.6	105.5	107.9	112.8	95.6
建筑业	1076.4	1256.6	1317.9	1357.9	1575.0	1658.6	1314.0
批发和零售贸易,机动车辆和摩托车修理业务	1119.8	1234.0	1384.1	1426.0	1482.5	1518.7	1214.1
交通运输和储存业	1199.5	1249.9	1435.0	1537.9	1340.6	1214.8	673.8
住宿和餐饮服务业	2036.9	1986.8	1944.5	2225.6	2419.3	2406.3	1555.4
信息和通信业	596.3	637.3	660.5	740.9	759.5	803.9	850.8
金融及保险业务	733.3	921.9	993.0	1015.3	1053.4	1502.7	1393.2
房地产业	581.2	667.7	617.6	614.6	748.3	815.9	809.3
专业的科学技术活动	316.5	494.6	569.6	620.2	792.4	816.1	878.8

续表

	2014 年	2015 年	2016 年	2017 年	2018 年	2019 年	2020 年
行政和支持服务业	420.8	481.7	497.5	540.5	539.8	580.6	240.7
公共行政和国防，强制性社会保障	1656.2	1726.8	1801.6	1944.2	2152.9	2235.7	2409.6
教育业	552.3	558.5	560.7	586.9	641.2	650.5	582.6
人类健康和社会工作活动	369.4	381.0	504.0	531.6	585.7	673.5	830.1
艺术和娱乐	198.3	190.0	213.5	219.2	214.3	266.0	169.3
其他服务活动	125.3	123.1	134.2	142.1	122.5	135.5	202.4
总计	14669.5	15706.2	16524.3	17627.9	18750.7	19777.9	17629.3
产品税	3018.0	3146.2	3324.2	3846.0	4012.2	3857.2	3521.7
国内生产总值	17687.5	18852.4	19848.5	21473.9	22762.9	23635.1	21151.0

资料来源：塞舌尔国家统计局，http：//www.nsb.gov.sc/。

三 经济发展战略与政策

独立以来，塞舌尔的经济战略经历了从社会主义的计划经济模式向以市场经济自由化为核心的转变过程。计划经济模式的推行，在一定程度上有利于集中全国的人力、物力和财力，推动国家的经济发展，这对于塞舌尔在短短的几十年内摆脱贫困与落后面貌确实作用很大。然而，这种经济发展模式也造成了诸多问题，比如经营管理不善、官僚主义盛行、贪污腐化严重等，严重地影响了经济的健康持续发展。20 世纪 90 年代初，随着多党民主制和政治自由化的推行，在经济政策方面，勒内政府也果断地对原有的计划经济模式进行了改革，将自由资本主义市场经济的若干做法加以引进，以解决经济发展中存在的诸多难题。

1. 经济社会发展五年计划

独立以后，特别是勒内通过政变上台后，塞舌尔的国家政权力量开始全面介入经济生活，全面贯彻实施社会主义的计划经济模式。1977 年 6 月，刚刚上台的勒内就宣布，将在塞舌尔消灭一切形式的歧视、压迫和剥削，建立一个"机会均等、适合国情"的社会。塞舌尔强调中央政府计划经济和建立社会主义国家的经济和社会基础，促进工农业发展。1985～1989 年的五年计划中，塞舌尔政府计划投资 28 亿塞舌尔卢比，确定优先发展旅游业、农业和渔业，充分发挥市场管理委员会的作用，加强政府对生产和经济活动的干预，制定劳动和就业政策，完善相关法律，以创造更多的就业机会，增加出口，改善财政收支状况，恢复经济增长。1990～1994 年的五年计划则强调吸引外资以及在更大程度上提高食品的自给能力，旅游业及其相关的投资再次被列为优先目标。

2. 20 世纪 90 年代以后的经济自由化政策

为了动员私人或社会力量参与经济发展，自 1979 年起，半国营性质的公司在塞舌尔开始组建，并且在国家经济生活中日益发挥作用。不过，截至 1988 年，这样的公司在全国仅有 35 家，其中包括塞舌尔航空公司。总体而言，在 20 世纪 90 年代以前，这些私营或者半国营性质的公司或企业，只是塞舌尔国有经济的一个补充，虽然政府在推行经济改革的同时也逐步放宽了对私营企业的控制，但私营经济在整个国民经济中仍然无足轻重。直到 90 年代初，勒内政府对计划经济进行改革。相对自由的经济政策主要表现在：政府进一步鼓励私人经济的发展，加速国营企业私有化的步伐，逐步改变国营企业一统天下的局面；而且在私有化过程中，政府的职能开始转变，不再直接参与生产和商业活动，而是把工作重点放在提供服务方面。有迹象表明，此后半国营性质的公司地位和重要性有所下降，其中不少逐步转变为私人所有或推行私有化政策。在公共部门中，塞舌尔最重要的一个机构是国家投资公司，其职责是推进私人企业在国家相关薄弱经济部门的发展，或者充当那些遭遇经济困难的私人企业的股东。塞舌尔最有权力的管理部门当数塞舌尔市场局，其全权负责塞舌尔重要商品的进口，对于其他商品的进口实施监督，同时还对大部分商品和服务的价格、生产和分配设定标准。塞舌尔国有企业多基于当地资源发展起来，重要的国有企业还有：塞舌尔木材公司，负责森林的砍伐和再种植；塞舌尔渔业发展公司，与法国联合建立，负责金枪鱼的捕捞及罐头加工；群岛发展公司，负责10个外岛农业、旅游业和鸟粪业的开发工作。

3. 2008 年经济危机后的经济改革

为了应对 2008 年经济危机，塞舌尔政府启动了一项全面的经济政策和体制改革计划。主要内容包括：（1）对塞舌尔卢比采取浮动汇率制度；（2）采用新的独立货币政策框架；（3）实行紧缩财政政策，减少公共事业支出，用社会保障福利取代间接补贴；（4）重新界定国家在经济改革中的作用，包括通过私有化，将国有企业的重点重新放在纠正市场失灵和提供公共产品上。这些经济改革措施恢复了塞舌尔宏观经济的稳定。自 2009 年起，塞舌尔经济表现逐渐转好，到 2012 年，人均收入恢复到经济危机前的水平（2006～2009 年下降了 20%），并持续上升。塞舌尔中央银行（CBS）已经储备了大约 5 亿美元的外汇（足以覆盖大约 4 个月的进口），政府债务占 GDP 的比重已降至 70% 以下。[①]

2014～2017 年，塞舌尔旅游业、建筑、水电、电信和金融服务业表现强劲，实际增长率连续上涨（年均增长率为 4.7%）。2016 年居民消费价格为负增长，2017 年升至 3% 左右。政府预算账户基本盈余（2014～2015 年平均为 4.5%，2016～2017 年平均为 3.2%），财政收入表现良好，并在一定程度上抵销了 2016 年初采取的扩张性支出措施。

2008 年经济危机后开始的经济改革政策使塞舌尔经济呈现良好的增长态势，但经济结构改革和创新仍存在一定的局限性，塞舌尔仍然是一个处于转型期的社会经济体。旅游业对塞舌尔的经济复苏发挥了重要作用，在已有的市场正面临全球危机和欧元区危机余波的压力的时候，塞舌尔成功开拓了新市场。自 2008 年以来，塞舌尔每年的游客人数翻一番，2016 年首次超过 30 万人（是当地人口的 3 倍）。渔业也是塞舌尔经济的支柱。但是，旅游业和渔业的创新能力一直很弱。旅游业的问题是大型酒店众多，限制了当地经营者提供多样化的服务，当地人主要经营小型旅店与出租车服务。在海洋渔业方面，其生产模式基本保持不变，主要开展大规模的商业捕捞，直接出口大量水产品，但本地附加值有限。

2016 年，鉴于旅游业的表现持续强劲，塞舌尔的基本宏观经济前景仍然良好。宜人的气候，丰富的热带海岛旅游资源，吸引了欧洲、美洲的国际游客；亚洲国际游客数量呈不断上升趋势。

[①] "Country Report No. 17/401: Seychelles," IMF, p. 51.

4. 蓝色经济

2014 年，塞舌尔"蓝色经济"（Blue Economy）概念基本形成，被正式列入国家发展议程。蓝色经济现为塞舌尔首要国家发展战略。2016 年初，总统米歇尔第三次成功连任后改组内阁，专门成立蓝色经济部。10 月，新任总统富尔进行内阁重组，将蓝色经济部调整至副总统办公室辖内，意在加大对各部门协调力度，从而推动其快速发展。2017 年，塞舌尔政府发放 1500 万美元 10 年期以上债券，由世界银行和全球环境基金（GEF）提供担保，支持塞舌尔向可持续渔业过渡。塞舌尔"蓝色债券"机制获 2017 年世界海洋峰会"海洋创新挑战奖"。

2018 年，塞舌尔发布《塞舌尔蓝色经济战略政策框架和路线图：规划未来（2018 ~ 2030）》[①]，以创新和知识导向为驱动力，将发展蓝色经济作为挖掘国家发展潜力的重要途径。无论当前还是未来，塞舌尔都致力于保护海洋生态环境和自然遗产。塞舌尔将围绕四条主线发展蓝色经济。一是促进多样化发展，减少对少数行业的依赖，提高海洋经济在国内生产总值中的占比。二是实现共同繁荣，努力增加高价值的工作岗位和在当地的投资机会。三是关注粮食安全和社会福利。四是保持栖息地的完整性和提升生态系统服务功能，增强可持续利用和气候适应性。塞舌尔明确提出蓝色经济将实现以下目标。一是增加对现有海洋经济行业的投资，特别是渔业和旅游业，力争实现更大价值。二是探索发展海洋新兴产业，如海水养殖、可再生能源、海洋石油、海洋生物技

---

① "Seychelles' Blue Economy Strategic Policy Framework and Roadmap: Charting the Future (2018 – 2030)," Blue Economy Department, 2018.

术。三是减少对进口能源和进口粮食的依赖，降低经济和环境变动的脆弱性。四是加大跨部门协调和巡查力度，有效运用执法手段，切实保护塞舌尔海洋空间和资源。五是实现塞舌尔海洋空间、资源和管理等方面的创新、研发与生产。六是提升海洋管理能力，把握当前和未来蓝色经济所提供的机遇。七是采取综合性措施促进海洋安全领域的合作，进一步打击包括非法、未报告和无管制（IUU）的捕捞活动，遏制海洋污染和气候变化在内的蓝色经济风险。

5. 三年期政策协调工具

2017 年 12 月 13 日，国际货币基金组织（IMF）向塞舌尔批准了一项三年期的新型政策协调工具（PCI），旨在帮助塞舌尔维护宏观经济的稳定，增强其应对外部风险的能力，实现经济的可持续和包容性增长。塞舌尔是首个申请 PCI 的 IMF 成员国，体现了塞舌尔政府致力于继续实行强劲的经济政策并进行结构性改革的决心和魄力。

塞舌尔政府承诺在 2021 年前将政府公共外债占 GDP 的比重降低至 50% 以下。自 2018 年起，塞舌尔 GDP 须实现每年不低于 2.5% 的增长率方可达成该目标。[①] 因而，塞舌尔政府在制定财政政策时也更为审慎，不断在维护宏观经济稳定和满足投资需求之间寻求平衡。此外，塞舌尔还颁布了新的货币政策，就存贷款利率等事项做出调整，塞舌尔央行积极推动新政策的平稳过渡和执行，并努力将外汇储备维持在现有水平。

2018 年 12 月 7 日，国际货币基金组织完成了对塞舌尔三年期

---

① "Country Report No. 17/401: Seychelles," IMF, p. 4.

政策协调工具框架下的第二轮审查，塞舌尔 2018 年经济运行良好，且展望乐观。2018 年塞舌尔实际 GDP 增长约 3.5%，渔业出口及信息通信业呈强劲增长态势，旅游业收入可观。同时，塞舌尔也逐步兑现在 2021 年前将政府公共外债占 GDP 比重降低到 50% 以下的承诺，IMF 对此持乐观态度。此外，IMF 也指出了旅游业增长走弱以及全球代理银行业务萎缩对塞舌尔宏观经济可能造成的外部冲击。

第二节　农渔业

一　农业

在英国殖民统治时期，塞舌尔以农业经济为主。塞舌尔所生产的农产品基本上用来出口，最主要的三种出口农产品依次为椰子、肉桂和香子兰，在 20 世纪 60 年代其出口创汇额占外汇收入总额 90% 以上，其种植面积分别为 2300 英亩（1 英亩 = 4046.86 平方米）、14000 英亩和 700 英亩。

椰子自 19 世纪引进塞舌尔以后，种植面积急剧扩大，到 1898 年，椰子成为塞舌尔最主要的经济作物。1909～1914 年，椰树种植达到 100 万株。1964 年椰干产量达到最高，椰干出口超过 7000 吨，价值 48.8 万英镑。1968 年，塞舌尔出口的椰干达到 6000 吨，出口额达 130 万美元。香子兰是塞舌尔的另一种重要经济作物，大约于 1866 年引进塞舌尔，随后得到广泛种植。从 19 世纪末开始，香子兰的栽培面积迅速扩大，产量急剧上升，并给塞舌尔带来了几十年的持续繁荣。1891 年产量为 41

吨，1911 年增长到 72 吨。另据统计，1890～1903 年，塞舌尔
的香子兰出口量已超过其他英属殖民地的总产量。进入 20 世纪
后，受到干旱、病虫害以及世界市场价格波动等因素的影响，
塞舌尔的香子兰产量迅速下降，1913 年为 5 吨，1929 年为 2
吨，1934 年降到不足 1 吨。20 世纪五六十年代以后，香子兰的
产量恢复到每年 5～6 吨，与香子兰大国马达加斯加相比实在是
微不足道。独立以后，茶叶逐渐取代香子兰成为塞舌尔的三大
农作物之一。在香子兰的栽培衰落之后，人们开始种植另一种
作物——肉桂。从产量来看，1908 年出口肉桂 1202 吨，但
1915 年降到 200 吨左右，此后多年产量一直下降，20 世纪 40
年代以后由于市场需求旺盛产量逐步恢复。1968 年，塞舌尔出
口肉桂 3059 吨，价值 56.1 万英镑。这一年的肉桂收入超过了
主要作物椰子，这在殖民地历史上是前所未有的。1996～2001
年塞舌尔椰干、肉桂、茶叶产量见表 4-3。

表 4-3　1996～2001 年塞舌尔三大农产品产量

单位：吨

	1996 年	1997 年	1998 年	1999 年	2000 年	2001 年
椰干	393	314	259	301	377	421
肉桂	318	220	289	214	177	147
茶叶	223	270	250	236	246	231

资料来源：Management & Information Systems Division。

　　以上三种经济作物的出口创汇，成为塞舌尔经济收入的重
要来源。不过在独立后，由于旅游业的兴起，这些经济作物的
出口创汇所占比例大大降低。相比之下，粮食作物的种植面积

和产量实在是微不足道，谷物、蔬菜等都需要进口。自独立以来，政府一直谋求粮食的自给自足，并力图通过提高土地使用效率、运用现代技术来实现这一目标。政府的努力取得了一定的成效，1990~1992年，蔬菜产量就从505吨上升到1170吨，蔬菜进口也相应减少，节约国家大量外汇。但从总体来看，塞舌尔粮食、蔬菜、水果等大部分依赖进口的局面基本上不会改变。

2006年，在联合国粮农组织的援助下，塞舌尔制定农业发展战略，优先领域之一涉及削减农产品的进口，特别是削减水果的进口。鉴于塞舌尔在肉产品生产，像猪肉、鸡肉，以及蔬菜生产方面还不能自给自足，塞舌尔在该领域接受援助，主要是接受质量监督和获得市场信息上的支持。在水果和蔬菜生产过剩期间，农村产业中的加工单位能够有助于资源得到最大限度的利用，在此过程中创造商业机会和就业机会。另一个优先领域是制定木材制品价格，人们注意到塞舌尔森林几乎未被商业采伐。但是商业采伐必须以可持续的方式进行，这样才不会破坏环境，防止木材资源被过度采伐。2015年，联合国粮农组织继续向塞舌尔提供43.2万美元的援助，帮助其尝试开展两项农业技术合作项目，旨在促进塞舌尔农业发展和提高产量。2015年，农业占塞舌尔国内生产总值的1.2%，增长率为2%。尽管农业相关基础设施有所改善，但是塞舌尔农业仍易受到廉价进口农产品竞争的影响。

截至2018年，塞舌尔农业经济已经连续三年表现疲软。因此，塞舌尔农业部决定采取行动振兴国内农业发展。9月，启动《农业发展战略（2018~2021）》，其目标是在未来三年内将15种水果和蔬菜的产量提高100%。此外，农业部还举办了许多农业博览会，以刺激当地新鲜农产品的消费需求。但是，塞舌尔的农业发展仍面临重重阻碍，一方面是来自进口廉价水果、蔬菜和肉类的竞争；另一方面是新鲜农产品没有形成稳定的市场规模，以及农产品物流基础设施滞后。

二 渔业

作为一个海岛国家，渔业成为岛国居民维持生计以及出口创汇的来源之一。然而，独立前，塞舌尔的渔业发展缺乏规模性，捕鱼技术和设备非常落后，使得各类渔产品基本只能满足国内的消费需求，仅有少量用于出口。独立后，随着政府对渔业的重视以及投资力度的加大，塞舌尔的渔业有了长足的发展，各类渔产品除了少部分满足国内需求外，大部分用于出口创汇，古老的产业部门如今有了新的活力。

在整个19世纪，渔业发展的重要特征是捕鲸业的兴起。20世纪，塞舌尔渔业的中心又转到了海龟捕捞与加工业。1912年是塞舌尔龟肚肉生产的高峰年，出口36900磅，价值2140英镑；1907～1938年，总计出口375560磅，价值61849英镑；此后三四十年间，由于海龟数量渐趋减少，仅出口144789磅，价值29735英镑。龟壳在近代欧洲是一种重要的装饰品，1893～1968年，塞舌尔共出口龟壳134000磅，价值13000英镑，其中1919年是出口最多的一年，达到8825磅。在英国殖民统治末期，塞舌尔每年出口的龟壳量为1～2吨。捕鲸业和海龟捕捞与加工业大多面向国际市场，而塞舌尔原始而分散的捕鱼业兴起并长期持续，其根本目的则是满足沿海渔民们生存的需要，仅有少量剩余以供出口。20世纪60年代，沿海渔民每年捕鱼达1000～1500

吨，在基本满足自身需要的同时还有少量出口。1968 年，塞舌尔出口咸鱼 4 吨，价值 3000 美元。英国殖民地发展和福利基金曾大力支持塞舌尔沿海渔业的开发，每年的资助额为 4 万英镑，并取得了一定的成效。

独立后，塞舌尔的渔业可分为两大类。一是由国内大约 400 艘渔船构成的传统捕鱼业，捕捞技术落后，以手工或半机械捕捞方式为主，从业者大多以个人或家庭为单位。二是经过政府许可的由外国现代化捕鱼船队所从事的金枪鱼捕捞业。由于渔船设备落后，捕捞能力一直低下，本国渔船只能在近海捕鱼，产量长期得不到提高。与此形成鲜明对比的是，现代化的金枪鱼捕捞业在塞舌尔独立前后迅速兴起，其动力来源于政府将海洋资源加以最大化利用。在 20 世纪 70 年代之前，现代化渔业在塞舌尔并不存在，据统计，1976 年外国渔船从塞舌尔水域捕捞的金枪鱼只有 213 吨，但是次年捕捞量增加了约 112 倍，达到 24190 吨。金枪鱼产量的上升，原因是塞舌尔水域金枪鱼资源特别丰富，但更重要的是捕捞方式的改进和效率的提高。1977 年金枪鱼产量的上升，促使政府于当年 8 月制定了一部海洋法，划定隶属塞舌尔的海洋专属经济区，而在此区域内从事渔业捕捞的外国渔船，必须经过塞舌尔当局的批准并交纳相关费用。也正是由于塞舌尔政府制定了相关的渔业开发政策，从 80 年代起，由外国大型渔船在塞舌尔海域开展的现代化渔业拉开了序幕，并且给这个小岛国带来了可观的经济收益。至 80 年代中期，在塞舌尔海域从事金枪鱼捕捞的外国船只分别来自法国、西班牙、日本、南非等国，船只总数达到 49 艘。这种迅速发展的现代化渔业对于塞舌尔当地经济的发展所起的推动作用是非常显著的，1985 年的统计数据表明，它给当地带来的直接收益为 400 万美元，带来的间接经济收益高达 900 万美元，更不用说它解决了大约 500 名塞舌尔人的就业问题。

自 2017 年起，印度洋金枪鱼委员会要求在 2015 年捕捞量的基础上，缩减 15% 的黄鳍金枪鱼捕捞量，以遏制过度捕捞，保护物种。2017 年，塞舌尔政府发放 1500 万美元 10 年期以上债券，由世界银行和全球环境基金提供担保，支持塞舌尔向可持续渔业过渡。此外，世界银行提供 2000 万美元的资金，用以西南印度洋渔业治理与共享增长项目三期（SWIO Fish 3）的实施，旨在改善塞舌尔海洋区域和加强渔业管理。

2018 年 10 月，塞舌尔政府推出了世界上第一笔蓝色债券，旨在扩大海洋保护区，改善渔业资源现状和增强海洋生态系统弹性。此外，塞舌尔渔业局还采取了若干措施，解决塞舌尔水域偷猎和非法捕鱼活动造成的海洋生物过度开发问题。此外，塞舌尔渔业部宣布未来三年塞舌尔渔业发展计划，表示将投资 7800 万塞舌尔卢比用于渔业基础设施建设项目，所有项目于 2022 年前完成。此外，该计划涵盖了渔业部门的各个方面，并提出了对渔民和渔船船东的若干新要求。例如，从 2020 年起，所有渔船均须在塞舌尔海事安全局（SMSA）注册；所有从事商业捕鱼的个人都必须同时持有商业渔船执照和商业捕鱼执照；将所有渔船根据大小和从事的活动类型进行分类，并对每艘渔船进行编码，便于后续管理工作。此外，该计划界定了休闲垂钓和商业捕鱼的定义，并引入投诉政策，坚决打击和消除非法捕鱼行为。

第三节 工业

一 概况

进入 20 世纪，随着塞舌尔外向型经济的发展，特别是为了满足出口的需要，一些农产品的初级加工业逐渐兴盛起来。在第二次世界大战前后，塞舌尔陆续建立了一些小型加工厂，用于椰油的提取、椰干的加工以及椰子纤维加工等。此外，一些满足国内消费需求的简单加工业也从无到有地建立起来。由于技术和设备比较简陋，工厂生产的主要是人们的一些基本生活日用品，包括草席、帽子、篮子以及用龟壳制成的各种装饰品和工艺品。塞舌尔的工业部门，除了农产品加工外，还包括诸如家具和陶器的制造、喷绘、雕刻等，国家所需的机械、化工、轻工等诸多产品都依赖从国外进口。总体而言，在独立以前，塞舌尔工业门类残缺，产品结构单一，甚至不能满足国内的需要，工业长期以来属于附属行业，没有得到很好的发展。

独立以后，塞舌尔工业发展严重滞后的状况没有得到多少改变。由于原料的缺乏、技术设备的落后以及国内市场的狭小，工业发展受到极大限制。为此，勒内政府确定了工业的基础类型：一是中小型的加工业，用于满足国内市场的需要；二是农产品和水产品的初级加工业，目的是出口。独立后的塞舌尔政府在发展工业方面采取了一系列具体措施，如国家对于某些行业的扶持、吸收外国和私人资本进入工业领域、减免税收等，以推进工业的发展，实现国民经济类型的多样化。于是，塞舌尔的工业企业从无到有、从少到多地发展了起来。20 世纪 70 年代中后期，国内还只有一些小型工厂和作坊，加工型企业并不多见。在政府的大力扶持下，各行业内的工业企业先后建立起来，工业领域的从业人员逐年增加，工业产值占国内生产总值的比例也逐渐上升。有关资料显示，1984 年，全国工业产值占国内生产总值的比例为 7.2%；1988 年，这一比例达到 14.2%，从业人数为 3825 人，各类大小型企业共 50 余家；1989 年，工业产值所占比例为 13.7%，从业人数为 4133 人，共有企业近 60 家；1992 年工业产值为 2.36 亿塞舌尔卢比，占国内生产总值的 17.8%；1997 年所占比例提高到 24.1%，从业人数为 6076 人，共有企业 100 多家。从以上数据可以看出，独立后 20 多年来，随着工业企业及从业人数的增加，工业部门在塞舌尔经济生活中的重要性有所上升，工业产值在国内生产总值中所占比例在 90 年代末已接近 25%。

受外汇短缺和气候严重干旱的影响，2001 年是塞舌尔工业部门的又一个发展困难的年份，大多数行业的产值都低于预期水平。但金枪鱼加工业表现不俗，就上半年的工业收入而言，实现了 4.06 亿塞舌尔卢比的营业额，比上年同期的收入增长 33%。到 2001 年底，出口总值与生产量保持一致，比上年增加 27%，达到 7.71 亿塞舌尔卢比。2006 年，尽管外汇短缺造成国内生产严重不足，失去部分外国市场，但是国内需求强劲，塞舌尔工业部门仍实现了有史以来最高的生产总值。2015 年，工业部门（包括建筑业和制造业）产值占国内生产总值的 9.5%，工业增加值的增长率为 2.8%，饮料和烟草加工业增长强劲反弹。此外，继 2012 年和 2013 年大幅收缩之后，建筑业再次表现出强劲的扩张性。2018 年工业部门产值增长了 5.5%，政府实施住房和基础设施项目促进建筑业发展，食品和饮料加工业带动了加工制造业的发展。

二 建筑业

2006 年，世界各地的建筑行业都呈现一片繁荣景象，木材、水泥、铜配件和钢筋制品等建筑材料的价格大幅度上涨，经营者难以获得有利的合同条件。能源价格上涨导致运费上涨，以及对建筑工人需求飙升导致劳动力成本上升，加剧了通货膨胀。塞舌尔国内承接大型建设项目的能力严重不足，为数不多的几家信誉良好的一级承包商都面临大量的工作，包括住房、土木工程和酒店建设，从而错失了一些港口度假村和水疗中心等关键项目的合同签订。投资方只能转向国外的承包商，导致塞舌尔国内建筑业遭受损失。

2008～2011 年，大规模外国直接投资项目以及政府住房项目促进了塞舌尔建筑业的显著发展。而在 2015 年，为了避免旅游开发破坏生态环境，政府下令暂停新的大型旅游项目，该暂停令从 2017 年 2 月延长至 2020 年。2017 年，建筑行业完成的项目主要来自政府，包括环岛道路建设、公立学校和住房公寓。2018 年，建筑业产值增长 4%。由于外国直接投资减少和大型旅游开发项目暂停，建筑活动主要集中在中小型项目上，如私企和政府进行的住宅和基础设施工程。其中，私营企业的项目主要是房地产开发，包括盘古海滩（Pangia Beach）和一些酒店设施的翻新和扩建。

三 食品加工业

旅游业的兴起增加了对饮料、矿泉水等必需品的需求，从而推动了食品加工业的发展。2006 年，软饮料、矿泉水、果汁的生产全面增加，但酱汁、乳制品等的产量出现下降。为了刺激供应，降低生产成本，提高生产率，政府实施针对加工制造业设备的重要税收改革，将原材料、特定的制造设备和机械的贸易税减至零。这一举措对塞舌尔国内食品加工业的生存发展至关重要。因鱼类短缺，印度洋金枪鱼公司（IOT）的金枪鱼罐头产量略有下降，减少了384吨，降幅为0.9%，但在国际市场上的份额增加了5%。2007年食品加工业的前景并不明朗。除了一直未解决的外汇问题，一些全球性事件持续对塞舌尔当地企业造成负面影响，主要表现为全球需求上升、收成不佳、禽流感等流行病、油价持续上涨和地缘政治冲突等导致的原材料价格上涨。

因较低的生产成本，加工业生产者价格指数（PPIM）下降了21%。新的融资政策（包括中小企业计划下的贷款）推动了食品加工业的发展。受旅游业不断发展的影响，酒精饮料和非酒精饮料生产商的表现良好，啤酒、烈性酒、软饮料、果汁产量分别增长14%、2.7%、28%、15%。此外，矿泉水产量增加了14%，得益于游客人数的创纪录增长。然而，卷烟生产收缩了9.2%，其产量可能受到行业税收水平提高的不利影响。在食品加工业方面，政府鼓励私营企业加入渔业增值产品的生产，金枪鱼罐头产量下降了0.5%，但出口额增长了2%。2017年，金枪鱼围网限制的决议生效，导致印度洋金枪鱼公司等主要公司的鱼类供应减少，食品加工业增加值仅增长1%，明显低于2016年的业绩。

2018年，食品加工业的产值增长了10%，主要驱动因素是金枪鱼罐头产量增长了26%。饮料（包括酒精饮料和非酒精饮料）

的产值增长率为 7.6%，主要是由 Smirnoff（一种伏特加酒）和软饮料的生产推动的，这两种饮料分别增长了 32% 和 16%。事实上，新饮料的推出以及塞舌尔啤酒厂现有品牌的重新命名，极大地促进了食品加工业的发展。啤酒和烈性酒的产量也有所增长，增幅为 1.1%。不过，在塞舌尔国内反对酗酒运动中，2018 年烈性酒的产量下降了 26%。烟草生产也出现收缩，下降了 6.2%；矿泉水产量增加 7.2%。

第四节　旅游业

旅游业是 20 世纪后半期在塞舌尔兴起的一个全新的产业部门。塞舌尔地理位置偏僻，交通极为不便，这是其经济发展的一个不利条件。不过，这种与世隔绝状态也使得塞舌尔保留了众多原始的不为现代人类所破坏的自然景致，再加上塞舌尔的天然海域、珊瑚沙滩以及花岗岩岛群等，全境 50% 以上的地区被辟为自然保护区，享有"旅游者天堂"的美誉。塞舌尔的主要旅游景点有马埃岛、普拉兰岛、拉迪格岛和伯德岛等，直接或间接创造了约 72% 的国内生产总值，并创造了 30% 的就业岗位。旅游业的兴起及发展，是塞舌尔政府发挥岛国特色和优势、寻求新的经济增长点的一次成功尝试。在以旅游业为龙头、大力发展国民经济方面，塞舌尔政府已经走出了一条较为成功的道路。

1. 20 世纪 60～70 年代：独立之时

早在独立前的 20 世纪 60 年代，殖民当局就认识到，在工业和农业基础薄弱而难以解决这个岛国的国计民生重大问题时，有必要利用塞舌尔优美的自然风光，来发展新的第三产业，即旅游业。当时的一份政府文件指出："对于维持一种平衡的和可行的工业体系来说，人力、原材料和技术是十分必要的。然而，旅游业将超越所有这些资源。为此，政府已经接受了这样的观点，即必须采取一切措施来实现旅游业的有序发展。"至于旅游业的发展方向，殖民政府的目标为：大力开发岛屿的自然风光，而非建造豪华的旅游设施来吸引外国游客。60年代中期，殖民政府开始大规模兴建旅游设施，以达到每年接待游客1400人次的能力，并且把1972年的目标定为接待游客1万人次，1975年的目标定为3万人次。可实际上，1966年为529人次，1967年为771人次，1968年为744人次，远远低于预定目标。60年代，塞舌尔旅游业发展的重要障碍在于交通的限制。当时海路是来往于塞舌尔的唯一通道，每两个月有一次航行于印度、东非和南非之间的英国和印度的轮船，偶尔还有从英国、新加坡、南非、肯尼亚和毛里求斯来的货船，旅游者要想来到这个偏僻的岛国，往往要历经漫长的海上航程，时间、精力和费用方面开销很大，因而来塞舌尔的游客很有限。

到了20世纪70年代，塞舌尔国际航班的开通，迎来了旅游业发展的契机。1971年4月，由英国出资援建的一个飞机场正式运行，每周一次的伦敦—塞舌尔航线从此开通，不仅塞舌尔人可以非常方便地来往于欧洲，也有利于欧洲游客方便快捷地涉足这片世外桃源，从而极大地推进了塞舌尔旅游业的发展。1971年塞舌尔游客猛增至3175人次，1973年猛升至15197人次，1975年实现了3万人次的预定目标，1979年达到了78852人次。此后，日益兴盛的旅游业逐渐发展成为塞舌尔的一个重要产业部门。

2. 20 世纪 80 ~ 90 年代：独立初期

20 世纪 80 年代以后，塞舌尔勒内政府一直把旅游业作为优先发展的产业，在 80 年代和 90 年代的多个五年计划中，旅游业的发展成为政府积极追寻的目标。一方面，政府制定了有计划有步骤发展旅游业的战略，即"政府不会通过旅游业来盘剥其人民，也不接受人民盘剥游客，因此，旅游业将被适度控制，但旅游业的发展将受到鼓励"；另一方面，政府在发展旅游业时，也确立了可持续发展的长远目标，避免因旅游资源的过度开发而造成对环境的危害。保持原始风貌应该成为塞舌尔旅游业的一大特色，而来此旅游的外国游客，所寻求的恰恰是那些在其他国家旅游景点无法见到的、与世隔绝的一种"回归自然、返璞归真"的生活方式。

1992 年以后的经济自由化政策，对塞舌尔旅游业也产生了积极的影响。政府一改旅游业由国家经营的局面，对旅游业实行自由化和私有化改造，包括鼓励国内外私人资本进入旅游业，努力开辟旅游市场，重点发展高档次旅游，提高旅游服务质量等。1990 ~ 1994 年的五年发展计划中，政府强调"旅游业的发展不能以牺牲环境为代价"。为此政府准备将马埃岛、普拉兰岛和拉迪格岛的旅馆床位数量限制在 4000 个以内，而旅馆床位总数的增加可以通过开发外岛旅游业来实现；为避免对岛国自然环境的破坏，政府确定每年游客达到 15 万人次是最终目标，而不能更多。然而，由于全球经济不太景气，政府确立的这一目标并没有实现。1999 年，为吸引各国游客，塞舌尔民航局宣布：从 1999 年 11 月 1 日起实行"金卡计划"，即每一个外来游客在塞舌尔国际机场或维多利亚港交纳 100 美元的特别费用，就可以获得一枚"金卡"，凭此卡可以不受限制地参观一些重要的景点，并且成为"塞舌尔联合朋友"组织的终身会员。这一计划的实施确实对塞舌尔旅游业的发展起了推动作用。

自20世纪80年代以来，政府的大力扶持政策极大地推动了旅游业的发展，进入塞舌尔的外国游客人数不断增加，旅游业的创汇收入也连年增长。此后，受海湾战争的影响，游客数一度回落，1996年以后又上升到第二个高峰。尽管20世纪末游客人数稍有回落，但是在塞舌尔民航局"金卡计划"的推动下，塞舌尔的旅游业依然兴盛。从旅游业的创汇能力看，上升态势非常明显。另据测算，1979～1989年，旅游业的创汇收入增加了112%，大大高于其他行业甚至整个国民经济的增长水平；1990～1998年，虽然外界环境的影响导致旅游业的创汇能力有所降低，但降幅并不是太大，始终维持在一个较为稳定的水准上。

随着旅游业的发展，其在国民经济中的重要性由此体现出来，并逐渐发展成为国民经济的主要支柱。独立之初的1979年，旅游业就成为国家外汇收入的主要来源，占国内生产总值的一半左右；1990年，旅游业产值占国家外汇总收入的80%，占国内生产总值的45%；到20世纪末的1998年，旅游业产值占国家外汇总收入的70%，占国内生产总值的37%。旅游业的发展还解决了众多人口的就业问题。1993年，塞舌尔国内15%的劳动力直接从事旅游业，而在与旅游业相关的建筑业、银行、交通和其他行业中就业的人数并不包括在内；到1998年时，旅游业的直接从业人数达到5058人，占总就业人口的18%。

3. 21世纪以来的旅游业发展

2001年，世界经济普遍处于低迷状态，再加上9月在美国发生的恐怖袭击，对塞舌尔旅游业造成了巨大冲击。2001 年全年入境人数下降 0.2%，但旅游收入有所增加，旅游业创汇占总外汇收入的 55%。酒店行业蓬勃兴起，普拉斯林新机场正式启动，塞舌尔航空公司与国外航空公司签订合作协议，这些都大力促进了塞舌尔旅游业发展。同时，塞舌尔旅游局发行《21 世纪展望》，充分认识到旅游业对国民经济发展的优势和未来面对的挑战，将逐步提高旅游业相关基础设施和服务水平，以提高旅游业的整体贡献率。

2006 年，塞舌尔旅游业的复苏势头进一步增强，旅游业收入增长 19%，达到 13 亿塞舌尔卢比；游客人数增长 9.3%，达到 140627 人。塞舌尔在 2006 年和 2007 年连续打破了游客人数的纪录，缘于阿联酋航空公司（Emirates Airlines）和卡塔尔航空公司（Qatar Airlines）对塞舌尔航线的开通，往返群岛的航班数量增加；加之酒店的涌现和近 33% 的货币贬值，这些都对旅游业产生了积极影响。随着塞舌尔巩固其在传统成熟的欧洲市场的地位，并加大其在新兴市场（从独立国家联合体地区到东南亚，尤其是中国）的份额，入境人数持续增长。虽然短期内，欧盟仍将是最大的客源国，但新兴市场前景广阔。这些都得力于塞舌尔旅游业相关服务的完善以及住宿产品的合理化和多样化。

2009 年的游客人数与前两年相比变化不大，在 2011 年创纪录地增长了约 10%（见图 4 - 1）。与 2009 年相比，2010 年来自欧洲的游客（约占 75%）增加了 8%；来自非洲和亚洲的游客增长更快，分别达到 58% 和 24%。这是一系列因素综合影响的结果，包括全球经济复苏、塞舌尔卢比贬值以及旅行社的价格折扣。2016 年，旅游业对塞舌尔 GDP 的直接贡献额为 47.73 亿塞舌尔卢比，

占 GDP 的 22%。其中，休闲旅游和商务旅游所占份额分别为 76%
和 24%，国外游客和本土游客所占份额分别为 88.7% 和 11.3%。
同时，塞舌尔旅游业直接带动 1.2 万人就业，占塞舌尔总体就业人
口的 26.7%。2017 年，塞舌尔接待外国游客 34.98 万人次，同比
增长 15%。游客主要来自德国、法国、阿联酋、意大利、英国和
南非等国。近年来，塞舌尔旅游部门越来越注重开发中国、印度、
海湾国家等亚洲新兴旅游市场。2010 ~ 2018 年，欧洲游客人数占
比从 75% 下降到 65%，而亚洲游客人数增长较快。2020 年，受新
冠疫情的影响，国际游客数量大幅度下降。

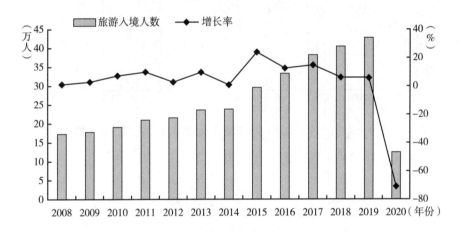

图 4 - 1　2008 ~ 2020 年塞舌尔入境游客人数情况

资料来源：世界银行（世界发展指标）。

2018 年，旅游业产值约 5.59 亿美元，较 2017 年增长了
15.7%；游客总人数达 364844 人，增长率为 4.3%。大多数游客
来自传统的欧洲市场（见图 4 - 2），而来自中国和南非等主要新兴
市场的游客数量下降，主要原因是欧元区经济复苏和塞舌尔引进三

家提供欧洲和塞舌尔之间直飞航班的航空公司。住宿和餐饮服务业占国内生产总值的最大份额，达13%。据统计，2018年平均床位使用率为66%，客房入住率为63%，平均停留时间为10.1天（见表4－4），旅游业的直接从业人数达到5058人，占总就业人口的22%，占比最大。

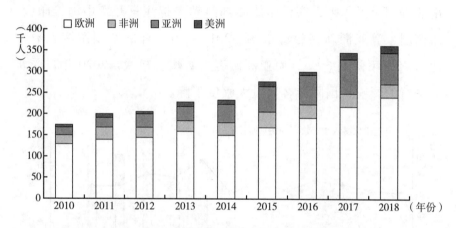

图4－2　2010～2018年按洲区分塞舌尔接待游客人数

资料来源：塞舌尔国家统计局。

表4－4　2014～2020年塞舌尔旅游业发展情况

	2014年	2015年	2016年	2017年	2018年	2019年	2020年
游客数（人）	232667	276233	303177	349861	364844	384204	114858
平均停留时间（天）	10.3	9.9	9.9	9.5	10.1	9.9	8.8 *
旅游业收入（百万美元）	398	393	414	483	559	590	221
平均床位使用率（%）	54	59	60	60	66	68	46

注：＊2020年为1～3月数据。

资料来源：Central Bank of Seychelles Annual Report 2021。

第五节 交通与通信

一 交通运输业

1. 公路与铁路

塞舌尔全国公路总长 532 公里，但多数路面较窄，仅为对向双车道，且多坡路、弯路。2021 年塞舌尔登记的机动车共约 3 万辆。公共交通网络较为完善，绝大多数社区有公交汽车通行。塞舌尔为印度洋中的岛屿国家，因而无法与周边其他国家实现陆路互联互通。

目前，塞舌尔没有铁路。

2. 航空

塞舌尔国际机场位于马埃岛，航空交通控制系统先进，机场跑道约 3000 米长，可起降波音、空中客车等大型客机。塞舌尔有通往欧洲巴黎、伦敦、罗马、法兰克福、苏黎世的航线；有通往非洲约翰内斯堡、毛里求斯、留尼汪、马达加斯加、内罗毕和达累斯萨拉姆的航线；有通往亚洲迪拜、多哈、阿布扎比、孟买和科伦坡等的航线。塞舌尔国内岛屿众多，主要岛屿间通行定期小型航班，其他少数岛屿小型飞机可以到达。中国至塞舌尔的主要航线可从北京、上海、广州等地经迪拜和阿布扎比中转，抵达塞舌尔。近年，塞舌尔航空于中国国庆、春节黄金周期间开通北京直飞马埃岛短期包机航班，中塞间尚无直航定期航班。

3. 水运

塞舌尔地处印度洋东西贸易的必经之路，维多利亚港是印度洋地区重要的深水良港和（海产品）转运枢纽，也是塞舌尔唯一的集装箱货运港口。码头长 370 米，最大吃水 11.5 米，可提供领航、渔网修补、拖船、淡水补给和梯板租赁等服务。2016 年港口吞吐量超过 3500 万吨。2015 年新建一个渔业码头，长 425 米，总投资1800 万美元。

二 电信业

1. 通信

塞舌尔通信和网络发展水平在非洲居于前列。2017 年全国有固定电话 19562 部，手机登记用户 167282 户，互联网用户 83628户。2018 年，塞舌尔通信行业对国内生产总值的贡献率为5.7%，增长 10%，互联网连接/订阅和数据流量分别增长 50%和 43%，有线电视订阅量同比增长 11%，而国际电话和电话线交换量分别下降了 8.5%和 0.5%，这表明客户对通信手段的偏好发生了变化。

2018 年 4 月，塞舌尔电信运营商推出了 U900 技术，该技术使 4.5G 网络的语音回落承载、移动宽带覆盖和数据服务方面的性能得到了提升。此外，还引入了一个新的后付费服务 I-DEAL，提供较低的通话、文本和数据速率。2018 年 8 月，塞舌尔电信运营商推出了 4G 无线家庭宽带服务。家庭宽带套餐无须固定线路或技术安装，可满足全国各类家庭的不同连接需求，提供 20GB至 100GB 的数据套餐。

塞舌尔主要通信运营商 Intelvision 宣布，自 2020 年起在马埃岛、普拉兰岛和拉迪格岛等内岛推出移动网络服务，并在华为公司的协助下推出 5G 移动网络。该公司成为首家在塞舌尔推行 5G 网络的运营商。Intelvision 的主要业务为网络及有线电视服务，移动网络在内岛的覆盖率可达 95%，5G 移动网络信号覆盖马埃岛北部、机场等区域。

2. 电力

塞舌尔电力主要依靠进口燃油发电。2017 年，全国发电量为 4.24 亿千瓦时，电力用户 3.74 万户，电量消费 3.81 亿千瓦时。其中，家庭、工商业部门、政府部门（含公共照明）分别用电 1.2 亿千瓦时、2.13 亿千瓦时、0.48 亿千瓦时。由于进口燃油占用巨额外汇，政府提倡并鼓励进口、使用清洁和可再生能源，对电动汽车免除进口关税，对安装太阳能光板给予补贴。鉴于塞舌尔是独立岛屿国家，电网未与周边国家互联互通。

三 基础设施发展规划

塞舌尔面积狭小，岛屿分散，政府未制定宏观长期基础设施发展规划。交通部、住房部等主要负责基建项目规划，公共事业公司（PUC）负责水电等设施规划建设，港务局具体负责港口建设相关事宜。

2018 年 3 月，塞舌尔总统富尔发表国情咨文演讲，提出了需要启动和实施的若干重大基础设施项目。一是扩建现有维多利亚港，以便利贸易。二是新增一条海底电缆，缓解目前唯一海底电缆的数据传输压力，服务国内民众，挖掘潜在商机。三是改造和修建水坝，以方便居民用水。四是建设连接东西海岸的隧道。塞舌尔基础设施重点项目多依靠外国无偿援助或优惠贷款，部分项目（如上述 4 个项目）对外国投资开放，允许外资参加投标。

第六节　财政与金融

一　税收体系和制度

塞舌尔实行简单的属地税制。外国公司和外国人与塞舌尔的法人和自然人一样同等纳税。主要税种有营业税、收入税、增值税、交易税、消费税等。塞舌尔国家税务局负责所有税务征收工作。

1. 营业税

塞舌尔《1987年商业税法》（The Business Tax Act, 1987）定义的营业税（Business Tax）为公司所得税。应税收入低于100万塞舌尔卢比，税率为25%；应税收入超出100万塞舌尔卢比部分，税率为33%。

2. 交易税

按进口货物CIF价（成本＋保险费＋运费）及相应税率计征。塞舌尔《1987年商业税法》规定，出口型企业按15%缴纳。这类企业在纳税年度，由审计师出具相关证明，可以申请减免5%～15%交易税的优惠待遇。2016年税收制度调整后，免征自行车交易税。

3. 增值税

自2013年1月起实施增值税（VAT）替代原来的商品服务税（GST），这是对生产和销售环节增加的价值部分计征的税收，税率为15%，对部分货物和服务可免征或实行零税率征收。2015年，企业登记增值税缴纳门槛降低至年营业额200万塞舌尔卢比。

4. 消费税

消费税只针对四种特定商品征税：香烟/烟草、酒精、车辆和

石油制品。征收额为不同商品每单位定额税乘以数量之积。自
2015 年 1 月起，政府对酒精度超过 16 度的饮品的消费税提高
20%；烟草制品提高 50%。

5. 收入和非货币收益税

收入税由雇员缴纳，计征基数为应税全部收入（工资加各种
津贴等），按累进制税率计征；非货币收益税由雇主缴纳，计征基
数为机动车辆、住宿等产生的收益，税率为 20%。

6. 旅游市场营销税

自 2013 年起，对旅游公司及其他明显受益于旅游业且营业额
超过 100 万塞舌尔卢比的公司计征 0.5% 的旅游市场营销税。2016
年，一级建筑公司和俱乐部被纳入该税种征收范围。

7. 外资房地产税

塞舌尔于 2018 年 1 月起对外资住宅、写字楼以及超过 25 年租
期的房产征收房产税。外资房产税的初始税率拟设定为房产总值的
0.25%，业主需要在 2018 年 1~6 月通过塞舌尔国家土地评估委员
会进行房产估值，并进行个人申报。每年 10~12 月为外资房产税
征收期。

另外，对于营业额低于 100 万塞舌尔卢比，且未实行增值税管
理的小型企业，实行定额税。计征基数为当月营业额，税率
为 1.5%。

二 政府财政

20 世纪 80~90 年代，塞舌尔政府公共支出的压力逐渐增大，
国家支出占 GDP 的 65% 左右。90 年代塞舌尔采取了优惠的税收政
策，1998 年公共部门赤字占国内生产总值的 22%，再加上与美元

挂钩且日益被高估的汇率，导致了巨额经常账户赤字。21世纪初，债务与国内生产总值的比例迅速上升，到2005年达到160%左右，加上累积的外债，接近200%，这些给政府财政带来了极大的压力。公共部门的国内借贷影响了当地银行系统的正常运行，使其无法向生产部门提供贷款。从2007年开始全球石油和粮食价格飙升，塞舌尔的进口成本和通货膨胀率也随之上升，并在2008年年中达到了顶点。塞舌尔未能偿还商业外债，标准普尔（Standard & Poor's）将其主权信用评级下调至选择性违约。

2011年，塞舌尔国家预算总额为30亿塞舌尔卢比（1美元约合12.5塞舌尔卢比）。同时，在国际货币基金组织指导下，塞舌尔积极与债权国磋商，与主要债权国签订债务重组协议。截至当年9月底，政府债务负担已由2008年的10.55亿美元降低到8.08亿美元，约占当年GDP总额的84%，其中，外债已从2008年的7.51亿美元降低到4.56亿美元，内债从2008年的3.04亿美元上升到3.52亿美元。截至2015年12月底，公共债务总额为117.58亿塞舌尔卢比，占GDP的比例降至60%。

2018年，塞舌尔年度政府预算基本盈余达到GDP的2.8%，超额实现其2.5%的目标。塞舌尔政府公共债务占GDP的比重为60%，其中，外债达4.51亿美元，占GDP的比重约为28%。

2018年，塞舌尔税收收入达72亿塞舌尔卢比，同比增长9.91%。增值税是塞舌尔税收收入的主要来源，占比达38%，营业税、消费税和所得税收入分别占20%、19%和14%。除消费税、关税和营业税分别有8450万塞舌尔卢比、3310万塞舌尔卢比和250万塞舌尔卢比赤字外，其余主要税种均获得盈余。2013~2018年塞舌尔按开支划分的GDP情况见表4-5。

表 4 – 5　2013 ~ 2018 年塞舌尔按开支划分的 GDP 情况

单位：百万塞舌尔卢比

项 目	2013 年	2014 年	2015 年	2016 年	2017 年	2018 年
家庭最终消费支出	8476	9329	9610	10340	11855	12801
政府最终消费支出	2876	3382	3728	4122	4286	5046
资本形成总额	5420	6739	6759	6896	8025	7644
为家庭服务的非营利性机构的最终消费	244	255	272	273	284	299
商品服务进口总额	14733	16900	15794	17663	20955	21678

资料来源：塞舌尔国家统计局，http：//www. nsb. gov. sc/。

三　金融环境

1. 当地货币

塞舌尔的货币为塞舌尔卢比，由塞舌尔中央银行统一发行管理，可自由兑换。人民币不能与塞舌尔卢比直接兑换。2014 ~ 2021 年塞舌尔汇率变动情况见表 4 – 6。

表 4 – 6　2014 ~ 2021 年塞舌尔汇率（美元：塞舌尔卢比）

	2014 年	2015 年	2016 年	2017 年	2018 年	2019 年	2020 年	2021 年
汇率	1：12.75	1：13.31	1：13.32	1：13.65	1：13.91	1：14.03	1：17.62	1：16.92

资料来源：World Development Indicators Database，World Bank，2021。

2. 外汇管理

2008 年 11 月，塞舌尔政府解除了对外汇的管制，允许外汇自由汇兑，并实行塞舌尔卢比浮动汇率制度，塞舌尔卢比的可兑换性大幅提高。

外资企业和有居住许可的外国人可在当地自行开立外汇账户。现行法规并不限制外国人携带外汇现金出入境，利润汇出无须缴税。塞舌尔有关官员提醒，使用信用卡在当地银行可以很方便地转账，不必携带巨额外汇现金出入境，否则容易遭到当局盘查。携带价值超过1万美金的外汇现金须向海关申报。

3. 银行和保险公司

塞舌尔中央银行是国家金融最高管理机构。中央银行负责发行、管理货币，监督管理商业银行，以及管理国家外汇等。塞舌尔近年来采取措施规范离岸金融业，尤其是国际商业公司（IBCs）。大批不合规范的国际商业公司被取消注册。

塞舌尔当地主要商业银行有塞舌尔国际商业银行、塞舌尔储蓄银行、塞舌尔开发银行（为生产项目提供长期优惠信贷，重点支持农业、渔业、工业、服务业和旅游业的新型现代化项目）、毛里求斯商业银行、英国巴克莱银行、印度巴罗达银行、巴基斯坦哈比卜银行、塞舌尔新银行（Seychelles Nouvo Bank）和斯里兰卡锡兰银行等。主要保险公司有Harry Savy保险公司、毛里求斯联盟保险公司、SACOS保险公司和Falcon保险公司等。上述保险公司均开展个人险和商业险业务，其中Harry Savy保险公司业务量在塞舌尔排名第一。

目前，中资商业银行尚未在塞舌尔设立机构。

4. 融资服务

2020年，塞舌尔存款利率为3.62%；平均贷款利率为10.94%，91天、182天和365天政府债券收益率分别为2.92%、4.52%和5.56%。

塞舌尔开发银行只向塞舌尔公民和持有51%及以上所有权的

当地注册企业提供信贷支持，重点服务小型企业，信贷条件和利率略有优惠。

在当地注册的外资企业可与本地企业同等条件地在当地其他商业银行获得融资。贷款审批涉及贷款用途、项目性质和规模、项目收益预期情况等。塞舌尔贷款除了须偿还本金和缴付贷款利息外，还要缴纳贷款税和贷款手续费。2011 年 4 月调整后的贷款利率、税率和手续费如下。

（1）贷款利率

个人贷款利率从原来的 13% 降到 9%；小型企业（年流转额在 100 万塞舌尔卢比以下的企业）100 万塞舌尔卢比以下的贷款利率由 10% 降低到 6.5%，贷款期限为 5 ~ 7 年；中型企业（年流转额在 100 万至 5000 万塞舌尔卢比的企业）的贷款利率由原来的 13% ~ 16% 降低到 10%。

2016 年 12 月，作为对议会关于商业银行现行利率质疑的回应，塞舌尔两家政府参股的银行——塞舌尔商业银行和诺华银行，分别宣布调整存贷款利率。塞舌尔商业银行抵押贷款利率由 9% 降至 7.9%，诺华银行从 9% 调整至 7.5%。英国巴克莱银行与毛里求斯商业银行仍保持不变，后者个人贷款、车辆贷款和住房贷款利率分别为 11.5%、13.5% 和 13%。

为促进私营经济发展，自 2018 年 1 月起，塞舌尔针对小微企业的贷款利率有所降低。贷款额度不高于 7.5 万塞舌尔卢比的，其利率由 4.5% 降至 4%；贷款额度在 7.5 万塞舌尔卢比至 30 万塞舌尔卢比的，其利率由 4.75% 降至 4.25%。

（2）贷款税率

10 万塞舌尔卢比以下，个人贷款免交贷款税，企业贷款税率为10%；10万塞舌尔卢比以上，个人用于购买汽车或住房的贷款税率为5%，企业贷款由企业和银行协商而定。

（3）贷款手续费

除住房贷款外的其他贷款手续费：贷款额在100万塞舌尔卢比以下的，手续费从1000塞舌尔卢比降为500塞舌尔卢比；贷款额在100万塞舌尔卢比以上的，手续费费率从原来的1%降到0.25%。

住房贷款：低于150万塞舌尔卢比的贷款额，最多收取2500塞舌尔卢比的手续费；贷款额高于150万塞舌尔卢比部分，最高收取0.5%的手续费。

禁止离岸公司从当地银行借塞舌尔卢比，除非得到塞舌尔中央银行的特批。中资企业不能使用人民币在当地开展跨境贸易和投资合作。

5. 信用卡使用

塞舌尔是世界银行、国际货币基金组织和非洲开发银行（AfDB）等的成员。国际上通用的 VISA 卡、万事达卡和美国运通卡等信用卡在塞舌尔银行、旅馆、饭店和商店均可使用。

2016 年 3 月，中国银联与巴基斯坦哈比卜银行合作，通过该行在塞舌尔发行银联卡。2017 年，中国银联与英国巴克莱银行塞舌尔分行合作，该行开通了银联支付功能。

第七节　对外经济关系

一　对外贸易

（一）贸易关系

1. 全球贸易协定

1995 年，塞舌尔递交入世申请。历经多年磋商，2014 年 10 月

17 日，工作组正式完成所有相关谈判。12 月 10 日，世贸组织签署接纳议定书。2015 年 3 月，经议会同意，米歇尔总统签署批准文件。2015 年 4 月 26 日，塞舌尔正式成为世界贸易组织第 66 个成员，结束 20 年入世历程，迈出融入多边贸易体系和全球经济的历史性一步。

2. 区域贸易协定

塞舌尔是东南非共同市场（COMESA）、南部非洲发展共同体（SADC）、印度洋金枪鱼委员会和环印度洋地区合作联盟等组织的成员国。

3. 非洲自贸区协定

2015 年 6 月 10 日，塞舌尔签署非洲自贸区协定。2018 年，塞舌尔政府专门成立了民族委员会，研讨和处理加入非洲自贸区相关事宜。民族委员会的成员单位有塞舌尔中央银行、外交部、工商会、议会等，并于同年 4 月召开了第一次会议。

4. 与欧洲的贸易协定

2014 年 1 月 1 日，随着马约特岛被纳入欧盟，塞舌尔与欧盟入渔协定正式生效，悬挂塞舌尔国旗的船只可继续在马约特岛开展渔业作业。这是塞舌尔与欧盟签署的第一个政府间协定，允许第三国船只通过缴费便可在其水域内捕鱼。

5. 与其他国家的贸易协定

2015 年，塞舌尔与泽西岛签署避免双重征税协定。同年，塞舌尔与斯威士兰、肯尼亚、比利时和新加坡间的避免双重征税协定正式生效。另外，塞舌尔与印度和格鲁吉亚签署税务信息互换协定，与瑞士签署的协定正式生效。

（二）对外贸易政策

1. 贸易主管部门

塞舌尔主管进出口贸易的部门是财政、经济规划和贸易部及塞舌尔海关。

2. 贸易法规体系

塞舌尔与贸易相关的主要法规有《塞舌尔共和国商业法法规》（1995）（包括移民法、社会保障法和商业税法）、《交易税管理规定》、《商品和服务税管理规定》（2003）。

3. 贸易管理的相关规定

塞舌尔政府已逐渐放松了贸易管制，取消了大多数商品的配额许可证，打破了原塞舌尔市场管理局（SMB）对贸易的垄断局面。但塞舌尔政府仍通过塞舌尔贸易公司（STC，其前身为SMB）补贴指定的14种基本商品，并对这14种基本商品在私营企业中实行政府指导价。加入WTO后，塞舌尔承诺自2015年1月起，对多类商品实行新的较低关税，包括观赏鱼类、面包、混合零食、镶嵌类木制品、木雕装饰品、雕像和其他装饰类陶瓷制品、室内装饰用玻璃制品、其他金属装饰品、旧衣物。

4. 进出口商品检验检疫

根据《植物保护法》（1996）和《动物疾病和进口法》（1986）的有关规定，塞舌尔对鲜活产品及其制品、植物种子等商品的进口实行检验检疫。

鲜活植物及产品包括剪枝鲜花、鲜活植物、植物种子、蔬菜和水果（含块茎类）以及木材。玉米、小麦等视为干货，无须检验检疫，但如当局发现有虫害，有权进行检验检疫。加工过的或真空包装食品，不要求检验。

个人进口自用鲜活植物及产品，须本人到植物保护处（Plant Protection）申领许可证，填写有关表格，并缴纳 60 塞舌尔卢比手续费，一般当场即可获取，一次性有效期为 6 个月，延期须另付费，最多允许 15 公斤。公司或商用进口鲜活植物及产品，同时须向财政部进出口局申领许可证，提交申请函，写明产品清单、原产地、产品规格，并附形式发票（Proforma Invoice，是一种非正式发票，是卖方对潜在的买方报价的一种形式。买方常常需要形式发票，以用于申请进口和批准外汇），缴纳 60 塞舌尔卢比手续费，一次性有效期为 6 个月，过期可申请延期。

对于鲜活动物及产品，无论是个人还是公司，均须同时向财政部进出口局和动物检验检疫服务局（Veterinary Service and Livestock Department）申请进口许可证，按照类别填定制式表格，缴纳 25 塞舌尔卢比手续费，可获一次性许可证，有效期为一个月。个人自用进口最多 10 公斤。

5. 海关管理规章制度

塞舌尔现行海关管理规章主要为《塞舌尔海关管理法案》（2011）和《塞舌尔海关管理规定》（禁止和限制商品，2014）。

（1）进口。需要进口许可证的商品有植物及其产品、动物及其副产品、肉及其产品、食用水果及蔬菜、培养基、矿物燃料、矿物油及其提取物、酒精饮料、烟草、无线电通信设备、危险化学品、易制毒化工产品、药品、疫苗、爆炸物、刀、匕首、交通工具及发动机、玻璃门窗、航空器。

（2）出口。需要出口许可证的商品有海椰子。

（3）禁止进口。禁止进口的产品有武器弹药、非法药品、色情文学作品、放射性物质、《京都议定书》禁止的产品、左方向盘车辆、象牙、玳瑁、攻击武器、氯氟化碳产品、伪钞、有毒化学品、含有有机氯的化学品和杀虫剂（包括氯甲桥萘、毒杀芬、滴滴涕、氯丹、七氯、全氯五环癸烷、多氯化联二苯、废弃物及其产品）；海关税号87.030开头的轿车车身以及各类战舰等。

（4）关税税率。生活必需品的进口关税税率为0~10%，奢侈品（烟酒、汽车）和竞争性产品（茶叶、海产品）的进口关税税率为200%以上。

（三）对外贸易规模

据塞舌尔国家统计局数据（按照FOB计算，即船上交货价），2021年塞舌尔进口额增加，贸易赤字扩大。2021年，塞舌尔商品出口总额约为3.17亿美元，同比增长15%；商品进口总额约为10.03亿美元，与2020年相比，增加了1.95亿美元。这一结果归因于塞舌尔经济活动的全面复苏，特别是与旅游业有关的进口，包括燃料价格在内的国际商品价格的上涨也是一个重要因素。

（四）对外贸易结构

塞舌尔主要出口商品有金枪鱼罐头、新鲜及冻鱼、椰干和肉桂皮等。金枪鱼罐头是塞舌尔主要出口商品，主要出口法国、英国和意大利等传统市场。2021年，塞舌尔金枪鱼罐头出口总值增加了10%，从上一年的2.52亿美元增加到2.77亿美元，金枪鱼罐头出口是塞舌尔外汇收入的重要来源。

塞舌尔进口商品主要是成品油、食品、纺织品、车辆、化工产品、日用品、机械设备等。2021年，塞舌尔进口的关键组成部分是"食品、活体动物和植物油"以及"机械和运输设备"，进口额分别为2.71亿美元和2.26亿美元，其次大额的进口商品是"制成品及杂项制成品"（2.07亿美元）和"矿石燃料"（1.97亿美元）（见表4–7）。

表 4 – 7　2014 ~ 2021 年塞舌尔进口商品结构（按 CIF 计算）

单位：百万美元

	2014 年	2015 年	2016 年	2017 年	2018 年	2019 年	2020 年	2021 年
进口总额	1143	985	1042	1116	1143	1045	983	1003
食品、活体动物和植物油	257	224	277	286	293	280	291	271
饮料和烟草	23	22	27	23	23	22	17	18
矿石燃料	288	174	165	210	288	204	162	197
化学品	51	59	63	50	55	54	60	66
制成品及杂项制成品	217	194	215	196	174	188	192	207
机械和运输设备	288	298	275	338	289	274	239	226
其他	19	14	20	13	21	23	22	18

资料来源：塞舌尔国家统计局、塞舌尔中央银行。

（五）主要贸易伙伴

据塞舌尔国家统计局数据，2017 年主要出口贸易伙伴有法国（36.6%）、英国（26.3%）、意大利（15.6%）、德国（4.8%）和荷兰（2.9%）；主要进口贸易伙伴为阿联酋（24%）、西班牙（10.8%）、法国（9.1%）、南非（6.6%）和中国香港（6.4%）。

（六）对外贸易辐射市场

根据现行多双边贸易协定和出口商品结构，塞舌尔主要辐射欧洲市场和环印度洋及东南非国家。

目前，55个非盟成员国中，有44个国家签署了非洲自贸区协定，塞舌尔是其中之一。非洲自贸区是自WTO成立以来最大的自由贸易组织，覆盖12亿人口，区域生产总值体量超过2万亿美元。塞舌尔签署的《非常自由贸易区协定》规定，在自贸协定框架下，有90%的商品免除关税，另外10%商品的关税另行商定。此外，自贸区内将有可能实现成员国人口的自由流动及货币一体化。

（七）吸收外资

外资是塞舌尔重要的外汇来源之一。据塞舌尔中央银行统计，2017年，塞舌尔吸收外资流量为1.29亿美元，对外直接投资流量为0.79亿美元；截至2017年底，塞舌尔吸收外资存量为25.39亿美元，对外直接投资存量为7.29亿美元。

二 外国援助

塞舌尔政府接受外国援助，主要国际组织及国家援助情况如下。

1. 国际货币基金组织

国际货币基金组织工作组在拓展援助基金项下，于2016年开展了两次评估，向塞舌尔提供约440万美元援助款；于2017年完成对塞舌尔的最终评估，提供援助款230万美元。至此，在该援助基金项下，总援助金额达1580万美元。

2. 非洲开发银行

2016年，非洲开发银行向塞舌尔提供4400万美元援助款，总援助金额达1.34亿美元。同年2月，非洲开发银行发布《2016～2020年塞舌尔国家战略研究》，并提供3900万美元作为信托基金、气候基金等的经费补充，旨在打造更完善的营商环境，激发塞舌尔私营经济活力。2017 年，非洲开发银行向塞舌尔公用事业公司提供 90 万欧元援助款，用于其公共卫生治理项目；提供 100 万美元援助款，用于马埃岛西部新大坝的调研和设计；提供 100 万美元援助款，用于塞舌尔中小微企业的能力建设培训；提供 2100 万美元贷款，用于拉戈西大坝加高土建工程项目，中国水电建设集团中标该项目，已于 2018 年初开工。

3. 欧盟

截至 2017 年，欧盟已向塞舌尔提供 4000 万欧元援助款，项目涵盖环境、教育、海上安全、渔业及经济改革等领域。2016 年 2 月，欧盟与塞舌尔签署协议，提供 140 万欧元用于拉迪格岛适应气候变化项目，并提供 220 万欧元用于群岛可持续发展项目研究、专业知识培训和技术援助。2017 年 2 月，欧盟向塞舌尔提供 10 万欧元，用于资助塞舌尔社区服务项目，以增强塞舌尔公民意识，使之更好地参与民主和良政进程。

4. 中国

2015 年，中国政府援建的格拉斯小学和幼儿园项目顺利完工，并于 2016 年 3 月举办项目交接仪式，塞舌尔副总统富尔等多位政要出席。中国分别于 2016 年和 2017 年，与塞舌尔签署经济技术合作协定。2017 年 6 月，援塞柯盖特住房项目正式开工；8 月，中塞双方就援塞广电中心项目签署了实施协议，2018 年 7 月正式开工。此外，2017 年援塞低碳示范区项目取得关键性进展，中塞双方分别于 5 月和 8 月签署《合作备忘录》和《现场考察会谈纪要》。2017 年 11 月，中国湖北宝业建筑集团通过其下属塞富公司，向塞舌尔卡斯喀得区小学捐赠了 30 台联想台式计算机。

5. 印度

2016年1月，印度向塞舌尔海岸警卫队提供1艘拦截舰，以增强塞舌尔专属经济区护卫能力。至此，印度援赠塞舌尔舰艇共3艘。3月和4月，印度政府援赠塞舌尔34辆公交车，总价值约2200万塞舌尔卢比。印度向塞舌尔提供"印度技术与经济合作"项目，目前累计有1000多名塞舌尔官员赴印进行行政管理、审计、会计、农业、医疗、企业管理等多领域的专业培训。2017年4月至2018年3月，印度政府为塞舌尔提供45个培训名额，比上年增加25个。2017年11月，印度向塞舌尔卫生部捐赠了价值270万美元的医疗设备，本次捐赠在印度政府2012年承诺向塞舌尔提供2500万美元援助项下列支；印度向塞舌尔人民国防军捐赠了10辆汽车，价值18.3万美元。

三 外国投资

（一）投资政策

1. 优惠政策框架

塞舌尔是多边投资担保机构成员、解决投资争端国际中心成员，是东南非共同市场、南部非洲发展共同体、印度洋金枪鱼委员会和环印度洋地区合作联盟等组织的成员，可以享受规定的投资和贸易便利以及成员国之间的商品自由流动。

2. 行业鼓励政策

根据塞舌尔2010年的《投资法》，塞舌尔在旅游业、农业、制造业和服务业等领域为投资者提供优惠条件，简化投资审批程序。主要优惠措施包括以下几方面。（1）允许建立外国独资企业，并允许这些企业将100%的资本汇回各自国家及将税后利润汇回各自国家，取消该方面外汇管制。（2）制定了严格的《公司法》和《投资法》，其中对公平和平等待遇、财产保护、透明度等做出明确规定，企业开业申请审批程序一步到位，且"企业开工许可证"颁发之后的税率改变不能损害企业创办人的利益。（3）取消对利息征收的预扣税，设立合理的公司税、社会保险及意外事故保险赔偿金。（4）外资企业享受免税期，从事出口产品的生产企业和特区企业还享受特殊优惠，如可以引入一定数量的外籍劳工。（5）设立国际贸易区，为出口制造商在注册、税收等诸多方面提供更加优惠的条件，允许外国企业获得离岸金融执照。同时，按国际通行标准管理国际贸易区的经营活动，防止洗钱和逃税。

3. 地区鼓励政策

塞舌尔国土面积狭小，各地区适用相同的外资政策。绝大部分外商投资集中在塞舌尔最大的岛屿马埃岛。

4. 国际贸易区法规

塞舌尔于1995年设立了国际贸易区。国际贸易区位于塞舌尔主岛马埃岛，由塞舌尔金融服务局根据塞舌尔《1995年国际贸易区法》进行管理，向再分销、制造、管理和其他专家服务发放执照，管理机制灵活。塞舌尔相关法律规定，鼓励外国投资者进驻国际贸易区。外商经批准可在国际贸易区设立银行保险分支机构，可建立物资仓储分拨拆装转口中心，可创办各类加工生产企业，也可注册登记外国飞机轮船等。

外商在国际贸易区的投资可以获得的优惠政策如下。第一，公司可以保密为由，不公开其财务账目；第二，政府主管部门可以协助外商投资企业办理注册登记、营业许可、工作许可证和海关报关等事宜；第三，可享受最长25年的免税待遇；第四，可享受进口设备、车辆和区内所用消费品等的免税待遇；第五，可享受免除经营过程中的各项税收待遇；第六，可雇用外籍劳工，并享受免除外籍劳工的工作许可和社会保险税等待遇。但是，塞舌尔政府强调国际贸易区内的投资项目必须符合出口导向和塞舌尔环保标准。

（二）塞舌尔对外国投资的市场准入相关规定

1. 投资行业的规定

塞舌尔政府鼓励外资投资旅游业、渔业、农业、工业、信息技术、离岸业和贸易等。在2014年发布的《塞舌尔投资规定（经济活动）》中，明确规定了禁止、限制和视国家发展需要允许外资进入的领域。

禁止外资进入的行业主要有：（1）拥有15间客房以内的住宿业（豪华别墅除外）；（2）禽类养殖；（3）出租车/公共交通工具运营，自行车、客货车出租运营；（4）潜水中心（仅限马埃岛、普拉兰岛、拉迪格岛和塞尔夫岛）；（5）旅行社；（6）中介代理服务（拍卖、鉴定、评估、清算、地产经纪等）；（7）水上运动；（8）部分服务行业（理发店、肉店、洗车行、清洁公司、裁缝店、洗衣行、花店、轮渡、文秘服务、安保、驾驶学习、幼儿园等）；（9）部分文化娱乐业（音像店/网吧、影片出租、电影放映等）；（10）人工捕鱼（包括深海捕鱼）、海参捕捞；（11）特定产品经销（海椰子、扇形棕榈树叶、杀虫剂）；（12）就业机构；（13）50英尺以下游船租赁；（14）三级、四级资质建筑施工；（15）浆果加工。

限制外资进入的行业主要有：（1）拥有16~24间客房的住宿业（外资比例不超过80%）；（2）肉桂提炼（外资比例不超过49%）；（3）二级资质建筑施工（外资比例不超过49%）；（4）拥

有4~5条船只/游艇的潜水运营业（不包括 50 英尺及以上船只，外资比例不超过 49%）；（5）电力承包业（外资比例不超过 49%）；（6）拥有 11~24 间已装修房间的出租服务（不包括提供膳食的豪华住所和船舱出租，外资比例不超过 80%）；（7）商业捕捞（外资比例不超过 49%）；（8）其他天然油料提炼（外资比例不超过 49%）；（9）包括计算机在内的办公用机器和设备的维修（外资比例不超过 49%）；（10）机械工程（外资比例不超过 49%）；（11）水管业（外资比例不超过 49%）；（12）旅游运营业（外资比例不超过 49%）。

视情况允许外商投资的行业主要有：（1）烘焙业；（2）水果和蔬菜种植；（3）美发业；（4）汽车修理服务业；（5）零售业；（6）SPA 和美容业；（7）农业投入相关行业。

2. 投资方式的规定

塞舌尔目前对外国自然人在塞舌尔投资没有特别规定，允许外资在可投资领域，以合资/合作、独资和并购方式，设立个人独资公司、合伙企业、控股公司和有限公司。现行的塞舌尔《投资法》中，没有外资并购安全审查、国有企业投资并购、反垄断、经营者集中等方面的规定。外资并购主要通过塞舌尔投资局和外国投资管理局申请。根据不同产业向相关主管部门提交并购申请，与被收购企业签署相关并购合同，经批准后在塞舌尔执照局登记注册。一站式服务和咨询机构为塞舌尔投资局。

目前，尚无中资企业在塞舌尔开展并购遭遇阻碍的案例。

3. BOT/PPP 方式

目前，塞舌尔《投资法》对外资开展的 BOT 和 PPP 投资方式没有做出具体规定。2014 年塞舌尔政府引入一家卢森堡企业，以

BOT 投资方式在当地建造了一个小型商业渔业码头。2017 年，塞舌尔政府鼓励外资通过 PPP 方式参与到塞舌尔住房项目中，以加快解决塞舌尔人的住房问题。

四　中塞经贸关系

中国和塞舌尔建交以来，经济技术合作与经贸往来持续深入。中塞签订经济技术合作协定、避免双重征税和防止偷漏税的协定等。

1. 双边贸易

据中国海关统计，2020 年，中塞双边贸易总额为 5770.8 万美元（见表 4 - 8），同比下降 12.2%，99.9% 为中方出口。中国对塞舌尔主要出口产品为机电产品、家具、服装、塑料制品等。

表 4 - 8　2014 ~ 2020 年中国与塞舌尔双边贸易统计

单位：万美元

	2014 年	2015 年	2016 年	2017 年	2018 年	2019 年	2020 年
双边贸易总额	45777.7	5923.3	5559.3	5029.8	6135.3	6571.6	5770.8
中国出口	4558	5913.3	5551.8	4882.4	6132.8	6565	5767
中国进口	19.7	10	7.5	147.4	2.5	6.9	3.8

资料来源：中国海关。

2. 投资

中国对塞舌尔投资近年有较大发展，涉及旅游、制烟、床垫生产、铝合金门窗生产、餐饮、美发等行业。据中国商务部统计，2020 年中国对塞舌尔非金融类直接投资 8755 万美元；截至 2020 年末，中国对塞舌尔非金融类直接投资近 4.4 亿美元。

3. 承包工程和劳务合作

据中国商务部统计，2020 年中国企业在塞舌尔新签承包工程合同 10 份，新签合同额 1930 万美元，完成营业额 1393 万美元；2017 年派出各类劳务人员 75 人，年末在塞舌尔劳务人员 219 人。新签大型工程承包项目包括中国水电建设集团国际工程有限公司承建塞舌尔拉戈西大坝加高土建工程项目等。目前，在塞舌尔有三家常驻中资企业，均为土木工程建筑公司，两家承包工程企业，其中一家为土木工程建筑公司，另一家为水电公司。

4. 大型工程项目

截至 2018 年，中国在塞舌尔已完工的大型工程项目有格拉斯小学和幼儿园项目、安塞·罗亚莱医院项目、议会大楼项目和司法大楼项目等，均为中国政府援建项目。此外，援塞广电中心项目、柯盖特住房项目在顺利进行中。

第五章

社 会

第一节 社会结构、社会整体发展水平

一 多民族融合的国家和社会

塞舌尔是印度洋上的岛屿国家，长期的相对封闭、海运对外联系以及西方殖民统治，是今天塞舌尔社会结构形成的历史与地理背景。塞舌尔以前没有土著人，人口由移民及其后裔组成。两个多世纪以来，塞舌尔一直是世界各地不同种族和宗教人口的大熔炉。即使在今天，多元文化人民的和平共处仍是这个生机勃勃、和谐发展国家的基本特征。① 塞舌尔是一个移民国家，在两个多世纪的发展中，形成了以混血的克里奥尔人（占93%）为主的国家和社会。

居民主要为班图人、克里奥尔人、印巴人后裔、华裔和英法后裔等；大多数塞舌尔人是基督教徒，居民约90%信奉天主教，约4%信奉伊斯兰教，其余信奉新教、印度教或其他宗教。② 欧洲人

① The Society of the Seychelles，https：//seychellen. com/en/social/.
② 中国驻塞舌尔大使馆网站，http：//sc. china - embassy. org/chn/sdfq/201310/t20131022_60069 94. htm。

（主要是法国人）将天主教带到塞舌尔，最早的法国和英国定居者都使用非洲奴隶、契约印度仆人，早期中国下南洋的劳工也进入塞舌尔群岛。塞舌尔从总体上看受欧洲的影响较大，在建筑、宗教、精英阶层教育背景等方面多与欧洲相关。岛上的少数印度裔和具有法国血统的白种人控制着塞舌尔的政治和经济。[①]

二　塞舌尔的印度裔和华侨华人

印度裔塞舌尔人是塞舌尔第二大民族，大约有6000人。最初是东印度公司将作为劳工的印度人带到塞舌尔定居的。大多数印度裔塞舌尔人讲克里奥尔语、英语或法语，少数人会讲印地语。印度裔塞舌尔人在这个国家受到高度重视，马埃岛上有一座印度教寺庙，供印度裔塞舌尔人进行宗教活动。

定居在塞舌尔的华侨华人约占该国总人口的1.5%，总人数不足1500人。1886年，第一批中国人来到塞舌尔，寻找商机和出售商品，随着时间的推移，他们在此定居并与塞舌尔人结婚。塞舌尔群岛上没有中文学校，仅少数人懂中文。大多数人讲克里奥尔语、英语和法语。塞舌尔的许多华侨华人是基督徒，但在塞舌尔的主岛马埃岛上有两座佛塔。

三　社会整体发展水平高

1976年独立之后的三任总统均为白人，从富尔总统开始，结束了总统均为白人的历史，显示了塞舌尔主体民族社会地位的提

----

① Seychelles Population 2021，https：//worldpopulationreview.com/countries/seychelles - population.

升。在塞舌尔，政治精英阶层掌控国家，海洋渔业与旅游业是国家经济的支柱；普通民众就业率较高，主要在政府、社团工作，以从事服务业为主，贫富差距较小。从总体上看，塞舌尔没有城市与乡村的差别，虽然马埃岛的人口聚集区和分散居住区的差别明显，但生活水平相差不大，无论是在人口聚集区还是在分散居住区，交通、电力和供水设施都较为完备和现代化。

伴随全球化的影响和塞舌尔国家法规的日趋完善，作为一个人均 GDP（2016～2018 年）超过 14000 美元的富裕的小岛屿国家，社会保障下的塞舌尔社会问题与矛盾相对较少，犯罪率低。因为人口较少，又多聚集在马埃岛，社会治理相对容易，塞舌尔社会整体发展水平较高。塞舌尔政府实行免费 10 年公立学校教育，初级教育水平稳步提高，几乎所有适龄儿童都能上小学。塞舌尔人的识字率大大高于区域和全球平均识字率。[①] 根据联合国开发计划署的调查，塞舌尔的人类发展指数自 2000 年开始呈现上升的趋势，1990年之后教育预期年限、人均收入、人均寿命等均有提升。在非洲大陆，塞舌尔人类发展指数持续增长并名列前茅（见表 5 - 1）。

表 5 - 1　1990～2019 年部分年份塞舌尔人类发展指数及相关要素的变化

	人均寿命（年）	教育预期年限（年）	接受教育年限（年）	人均收入（美元）/2017 年等价购买力	人类发展指数
1990 年	70.8	11.4	—	14269	—
1995 年	70.7	11.9	—	15034	—
2000 年	71.1	12.2	7.4	18240	0.714

① Seychelles Government and Society，https：//www. britannica. com/place/Seychelles/Government - and - society.

续表

	人均寿命 (年)	教育预期 年限(年)	接受教育 年限(年)	人均收入(美元)/ 2017年等价购买力	人类发展 指数
2005年	72.1	13.1	7.7	18504	0.732
2010年	72.9	13.4	9.4	20124	0.764
2015年	73.2	14.3	9.6	24103	0.786
2016年	73.2	14.2	9.7	24533	0.787
2017年	73.3	14.1	9.8	25224	0.789
2018年	73.3	13.9	9.9	25923	0.790
2019年	73.4	14.1	10	26903	0.796

资料来源：http：//www.hdr.undp.org/en/countries/profiles/SYC。

四　社会治理逐步完善

塞舌尔实行立法、行政、司法三权分立，总统为国家元首兼政府首脑、全国武装部队总司令。内阁为国家最高行政机构，负责制定和执行国家政策。2020年11月组成新一届政府，总统为韦维尔·拉姆卡拉旺，分管国防、法律事务、公共管理、国家规划、国家安全和总统办公室，副总统为艾哈迈德·阿菲夫，分管信息通信和技术及信息事务。

塞舌尔行政区划较为简单，1993年之后，全国划分为26个行政区，其中22个在马埃岛，其余在周边岛屿。每个行政区有自己的管理机构。2018年，塞舌尔政府设立了7个区域理事会（Regional Councils），成为地方与国家层面之间的机构，征集公民呼声和管理问题，强化服务全国人民的国家治理。从总体上看，塞舌尔政府有较大的权力，实行的是高效率、小政府的管理模式，各部部长是具体事务的管理执行者。国家推行高福利政策，实行义务教育、免费医疗、终身保健制度和全面就业计划，向低收入者提供建房贷款、发放各种救济金，实行统一工资制度，塞舌尔人 63 岁退休。

民间社会组织在一定程度上推动了塞舌尔社会发展。在塞舌尔，大约有 200 个组织可以被归为民间社会组织。这些合法注册的组织是非营利、自愿的，独立于政府运作。大多数活跃组织是塞舌尔公民参与平台（CEPS）的认证成员。从经济和社会发展的角度来看，民间社会组织能够带来多重利益。例如，民间社会组织主要通过吸引捐助者资助项目，对该国的国内生产总值增长和国家发展做出重大贡献。据估计，塞舌尔通过当地民间社会组织担保并吸引的外国资金每年达 350 万欧元。

在国家一级，民间社会组织越来越积极地参与地区一级的治理和国家治理，要求问责，提高透明度和促进信息获取，并向民众提供基本服务。民间社会组织还通过发起各种活动，帮助社区解决社会经济问题，促进社会发展。这部分是通过与政府机构的伙伴关系以及各个民间社会组织的倡议来实现的。CEPS 在国家委员会中有代表，民间社会组织在决策过程中有代表性和发言权。

一些民间社会组织与政府和私营部门建立了牢固的和富有成效的工作关系。一些民间社会组织积极参与制定重点领域或部门的人才和技能发展方案。除了众多职能外，CEPS 成员还为相关部门开展一系列培训和能力提升活动。

第二节　国民生活

塞舌尔犯罪率低，社会安定。根据塞舌尔国家统计局统计数据，2008~2020年塞舌尔就业人数基本稳定。2019年，塞舌尔就业人数最多，为53632人，相较2013年增加了7814人。失业率从2013年的1%上升到2014年的4.7%，之后到2019年逐渐下降，2020年受新冠疫情影响再次上升到4%，2021年有所回落（见表5-2）。

表5-2　2013~2021年塞舌尔就业人数和失业率情况统计

	2013年	2014年	2015年	2016年	2017年	2018年	2019年	2020年	2021年
就业人数（人）	45818	47952	48423	46776	47388	49886	53632	52917	49603
失业率（%）	1	4.7	4.2	4.5	4.1	3.5	2.4	4	3

资料来源：https：//www. nbs. gov. sc。

　　塞舌尔是以服务业为主的国家，旅游、交通、通信等是塞舌尔人主要的就业行业。"住宿和餐饮服务业"是塞舌尔人就业的第一大行业，2020年从业人员8827人，占就业总人数的16.7%。建筑业是塞舌尔人就业的第二大行业，2020年从业人员6133人，占就业总人数的11.6%。2020年，"公共行政和国防，强制性社会保障""批发和零售贸易，机动车辆和摩托车修理业务""交通运输和储存业"从业人员分别占塞舌尔就业人数的11.4%、9.2%、8.2%。

　　相较于2017年，2020年就业人数增加最多的行业依次为建筑业、"批发和零售贸易，机动车辆和摩托车修理业务"，分别增加了1089人和1061人，增幅分别达到21.6%和28%。有两个行业就业人数相较于2017年下降，制造业和"住宿和餐饮服务业"分别减少了172人和72人（见表5-3），反映出新冠疫情影响下行业的发展变化情况。

表 5 - 3　2017～2020 年塞舌尔部分行业就业情况

单位：人

	2017 年	2018 年	2019 年	2020 年
农业、林业和渔业	403	534	616	585
制造业	4174	3989	4097	4002
电力、燃气、蒸汽和空调供应	618	617	629	627
供水,污水处理、废物管理及补救业	585	603	659	735
建筑业	5044	5499	6639	6133
批发和零售贸易,机动车辆和摩托车修理业务	3794	415	4659	4855
交通运输和储存业	4056	4262	4239	4317
住宿和餐饮服务业	8899	9227	9619	8827
信息和通信业	870	881	909	897
金融及保险业务	1724	1782	1892	2115
房地产业	1012	1019	1214	1078
专业的科学技术活动	1262	1287	1555	1583
行政和支持服务业	3191	3490	4045	3984
公共行政和国防,强制性社会保障	5391	6047	5949	6037
教育业	2804	2729	2914	2985
人类健康和社会工作活动	1902	1996	2087	2189
艺术和娱乐	991	1091	1225	1159
其他服务活动	553	558	516	575
家庭作为家庭人员的雇主的活动	64	87	108	123
域外组织和机构的活动	51	55	62	61

资料来源：https：//www. nbs. gov. sc。

根据塞舌尔国家统计局的统计数据，2013～2018 年塞舌尔人可支配收入稳定上升，2018 年较 2013 年增长 38%，可见塞舌尔经济呈现良好的发展趋势。在家庭最终消费支出方面，2018 年的增幅为 17.7%。通过对比 2017～2020 年消费品通货膨胀率不难发现，2020 年高达 8.28%，远高于 2017～2019 年的通货膨胀率（2.86%、3.70%、2.07%）。

塞舌尔国家统计局在 1987 年、1994 年、1997 年、2002 年和 2010 年对全国的住房情况进行了普查。根据调查，2010 年全国房屋数量共 23770 栋，较 2002 年增加了 3500 栋房屋，而住户增加了 3837 户（见表 5 – 4）。

表 5 – 4　1987～2010 年部分年份塞舌尔住房情况统计

单位：栋，户

	1987 年	1994 年	1997 年	2002 年	2010 年
房屋数量	15050	16808	17599	20270	23770
住户数量	15118	17107	17878	20933	24770
产权房	9628	11868	13348	13889	17158
出租房	3792	3882	3229	5074	4796
公用房	1160	977	611	1545	2299
其他	538	380	690	425	517

资料来源：https：//www. nbs. gov. sc。

塞舌尔大多数家庭已拥有现代化便利设施。根据 1987～2010 年的统计数据，家庭设施普及率不断提升。在 2010 年，有 93% 的家庭拥有经处理的水，97% 的家庭通电，冲水厕所普及率达到 97%，95% 的家庭拥有电视，移动电话的普及率为 90%，影音设备普及率为 77%（见表 5 – 5）。

表5－5　1987～2010年部分年份塞舌尔家庭设施普及率

单位：%

	1987年	1994年	1997年	2002年	2010年
经处理的水	69	83	83	87	93
电	76	90	92	96	97
冲水厕所	62	78	86	94	97
收音机	91	92	92	92	87
电视	44	71	80	88	95
有线电视	/	/	/	20	35
影音设备	/	47	/	56	77
固定线路电话	/	41	/	63	49
移动电话	/	/	/	/	90
电脑入网	/	/	/	12	38
机动车	16	21	21	21	25

资料来源：https：//www. nbs. gov. sc。

第三节　医疗卫生

一　概况

塞舌尔人的健康和营养状况接近发达国家的水平。塞舌尔国民健康部在全国推行免费医疗计划，大大提高了国民健康水平。塞舌尔卫生部预算连续多年居政府各部门预算前两位。据世界卫生组织统计，2015年塞舌尔经常性医疗卫生支出占GDP的3.4%，按照购买力平价计算，人均经常性医疗卫生支出867.3美元；塞舌尔全国约有99%的人口享受卫生保健服务。2019年，塞舌尔人均寿命男性为69.7岁，女性为 78.4 岁；儿童死亡率为 10‰左右。无疟疾、黄热病、痢疾等非洲大陆常见病，艾滋病发病率低。[①] 2017 年的统计数字显示，2017 年塞舌尔出生人数为 1651 人，死亡人数为 748 人，新生儿死亡数为 18 人，新生儿死亡率为 1.09%，同比有所下降。[②]

二 常见疾病

对于塞舌尔本地居民而言，其健康的最大威胁来自十二指肠溃疡和肠绦虫病等肠道疾病，这可能与塞舌尔的湿热气候有关。2017年初，塞舌尔官方确认暴发登革热疫情。疫情蔓延整个马埃岛，西部和南部地区更为集中，拉迪格岛疫情也较为严重。在感染登革热的病人中，63% 为男性，37% 为女性，60% 的病人年龄为15～40 岁。

蔓延全球的艾滋病也开始侵袭这个岛国。1992 年 11 月，首位艾滋病病毒携带者在塞舌尔被发现，截至 1995 年，塞舌尔已经发现 58 位艾滋病病毒携带者，2011 年塞舌尔有艾滋病病毒携带者491 人。从 2000 年开始，塞舌尔实施艾滋病防控战略和政策，积极应对艾滋病问题。

据塞舌尔卫生部统计，2017 年总死亡人数为 748 人，而 2016年为 747 人，由于循环系统疾病死亡的人数占总死亡人数的 39%（289 人）。其中，76 人（26%）死于高血压心脏病，60 人（21%）死于其他心脏病。肿瘤患者死亡人数占总死亡人数的 17%（130

---

① 中华人民共和国外交部网站，https://www.fmprc.gov.cn/web/gjhdq_ 676201/gj_ 676 203/fz_ 677316/1206_ 678428/1206x0_ 678430/。

② "Annual Health Statistical Report on Selected Health Statistics 2017," Ministry of Health Republic of Seychelles.

人），其中 21 人（16%）死于支气管和肺部恶性肿瘤，17 人（13%）死于前列腺恶性肿瘤。呼吸系统疾病是第三大死因，呼吸系统疾病患者死亡人数共 98 人（13%），其中肺炎患者（包括婴幼儿）为 70 人。

三　医疗机构

塞舌尔卫生部下设健康关怀署（HCA）、公众健康署（PHA）、国家艾滋病理事会（NAC）以及健康与社会研究国家研究所（NIHSS）。塞舌尔采用分级诊疗模式，卫生部管辖的初级医疗中心有 17 家，第二级和第三级诊疗服务主要由塞舌尔医院及其附属 4 家专科医院提供。卫生部每年发布卫生健康年报，根据 2020 年报告，截至 2019 年底，塞舌尔公立医疗机构中有 477 名医生，牙医 74 人，护士 951 人，助产士 321 人，专职卫生人员 708 人。

就塞舌尔的医疗机构而言，全国共有医院 6 所，保健中心 18 个，牙科诊所 6 个。维多利亚医院是塞舌尔最主要的医疗机构，设有内科、外科、精神病科、儿科和妇产科。除此之外，在马埃岛、普拉兰岛和拉迪格岛上还有 25 家私人小诊所。

2017 年，东北医院的入住率为 83%，平均住院天数为 68 天；而 2016 年的入住率为 93%，平均住院天数为 53 天。2017 年，塞舌尔医院的总入住率为 77%，平均住院天数为 5 天。贝尔斯蒂安医院的床位为 28 张，入住率为 23%，平均住院天数为 3 天。[1]

2019 年有 11338 人在塞舌尔医院接受诊疗，相比 2018 年下降

①　"Annual Health Statistical Report on Selected Health Statistics 2017," Ministry of Health Republic of Seychelles.

10%。卫生部有一份国家基本药物清单，其中包括480种药物，该清单定期更新。2019年，塞舌尔医生开的处方单共有487031张。2019年塞舌尔增加了处方费，但老年人、儿童和慢性疾病患者豁免，有81%的处方免收费用。2019年塞舌尔财政预算的12%用于医疗事业，总额第一次超过10亿塞舌尔卢比，人均746.79美元。①

四　中国医疗队

1985年5月以来，我国山东省政府开始向塞舌尔派遣医疗队，截至2021年4月累计派出18批医疗队赴塞舌尔，共108人次。2021年4月，由6名中国医疗专家组成的第18批援非医疗队赴塞舌尔工作。主要成员包括针灸科医生1名、骨科医生1名、普通外科医生1名、放射诊断科医生1名、放射技术科医生1名、内科（偏重心内科）医生1名，分别在塞舌尔北岛康复中心和维多利亚医院工作。②

第四节　环境保护

气候变化造成的海平面上升、珊瑚白化、海洋酸化等问题，严重威胁着塞舌尔的自然环境和生态系统，塞舌尔发展面临日益严峻的挑战。作为印度洋小岛屿国家，国际组织和塞舌尔政府十分重视生态环境保护。

① Annual Health Sector Performance Report 2019, Seychelles Department of Health, June 2020, http：//www. health. gov. sc/wp－content/uploads/Annual－Health－Sector－Performance－Report－2019_ FULL－REPORT－1. pdf.
② 《对外投资合作国别（地区）指南——塞舌尔》，商务部，2021，第6页。

　　联合国环境规划署联合全球环境基金以及塞舌尔政府启动"保护区金融项目"，计划自 2016 年之后的 5 年内，向塞舌尔提供总额为 277.6 万美元的援助，以支持对塞舌尔自然保护区的保护及管理。此外，国际金融机构"巴黎俱乐部"也以"债务换应对（气候变化）"的方式，免除了塞舌尔的部分债务。

　　作为对援助的积极回应，塞舌尔政府制订了该国首个针对自然保护区管理的国家级财务计划，主要包括对国家公园入场费用、旅游产品、基础设施以及行政成本进行控制管理，之后将在合理利用收入增长、有效控制成本的基础上，优化资金使用，积极将其投入生态系统和生物多样性保护等非旅游领域。

　　塞舌尔重视环境保护和旅游业及相关基础设施的环境管理。塞舌尔近一半（超过47%）的陆地（215 平方公里）被划分为 20 个国家公园，得到很好的保护，这一比例高于世界上任何其他国家。五月谷自然保护区和阿尔达布拉环礁被联合国教科文组织列为世界自然遗产地。

　　塞舌尔四季温暖，植物繁盛，具有种类丰富的热带植被。在塞舌尔，观鸟的最佳时间是 4～10 月，10 月至次年 4 月是观赏鲸鲨的理想时间。鲸鲨是世界上最大的鱼类，主要以浮游生物为食。观赏收入将用于区域海洋管理和海洋生物保护。

　　在塞舌尔，保护良好的岛屿众多，这也是旅游者感兴趣的地方。在这里，岛屿环境管理日益科学。

　　在马埃岛，在高海拔的塞舌尔山地建有国家公园，公园占地 30 平方公里，覆盖了马埃岛北部和西部的大部分山区。公园内徒步小径众多，旅游标记和路标明显，国家公园的环境管理水平较高。

塞舌尔是全球公认的生物多样性热点区域，当地特有的动物物种比例高达85%，特有植物物种比例约为45%。为实现对特有物种的有效保护，塞舌尔已建立了25个自然保护区。为实现经济发展与环境保护的平衡，塞舌尔政府与自然保护协会及联合国环境规划署达成协议，由该国政府实施"海洋空间规划"以换取相应援助。依据该规划，塞舌尔承诺将本国海洋保护区面积从2014年占专属经济区的0.04%，扩展至2020年的30%，覆盖面积达40多万平方公里，以实现对海洋资源的保护和可持续利用。与此相对应，自然保护协会及联合国环境规划署等国际组织也提出了对塞舌尔的援助计划。自然保护协会采取借贷与捐助相结合的方式，重组塞舌尔债务，给予塞舌尔1520万美元的低息贷款以及500万美元的捐助，相关资金由专门基金组织管理，用于对海岸、珊瑚礁和红树林的管理以及实现可持续融资等。

塞舌尔的海洋保护区被分成两个区域。"一类区"是高等生物多样性保护区，禁止除旅游等非采掘用途外的几乎所有人类活动，覆盖阿尔达布拉群岛等偏远岛屿周围约20万平方公里的水域，包括联合国教科文组织世界遗产——世界第二大珊瑚环礁。和加拉帕戈斯（Galapagos）一样，这里的生态系统也几乎未经人类侵扰，是窥见生物进化的窗口，也是西印度洋濒危动物儒艮（dugong）和珍稀象龟的家园。

"二类区"是中等生物多样性保护和可持续利用区，旨在既保护自然生态系统，同时支持可持续性经济活动，如钓获放生的休闲渔业、特许旅游以及利用可再生能源等。划分这一区域是为了在保护物种和生境的同时，确保具有重要经济作用的行业能够支持当地居民的生计，并有可持续利用的海洋资源。这类保护区包括阿米兰特群岛和马赫海台（Mahé Plateau）周围约21万平方公里的水域，是海草床、金枪鱼生存的区域和支撑当地经济的关键区域。

作为一个海洋岛国，塞舌尔人民高度依赖健康而繁荣的海洋生态系统。渔业和旅游业吸纳了该国1/3以上的劳动力，因此塞舌尔正在积极打击非法捕捞，发展可持续渔业。对海洋资源的依赖意味着塞舌尔和其他海洋国家一样极易受到气候变化的影响。随着海洋保护和有效管理的加强，塞舌尔将有能力更好地应对气候变暖和海平面上升、海洋酸化等带来的不确定影响。

第五节　社会问题

塞舌尔国际旅游业发达，国家福利优厚，国民闲暇时间较多。生活方式的西化和传统习惯行为，让塞舌尔出现的社会问题——过量饮酒问题也具有争议性。塞舌尔政府和非政府组织一直在开展关于过量饮酒危险的宣传活动。2011年7月，塞舌尔总统詹姆斯·米歇尔发起了全国"社会复兴"运动，呼吁人人参与消除威胁社会结构的社会弊病；而支持饮酒的人们认为在社交活动中饮酒是传统克里奥尔文化的重要组成部分。

世界卫生组织发布的《2011年全球酒精与健康状况报告》显示，塞舌尔人均纯酒精消费量高达10.6升，在世界排第39位。塞舌尔人均酒精消费量在非洲排第3位，仅次于尼日利亚（人均12.3升）和乌干达（人均11.9升）；塞舌尔的人均啤酒消费量居世界第3位，仅次于捷克和帕劳。塞舌尔啤酒消费量占酒精消费总量的比例从2011年的85%下降到2014年的67%；塞舌尔人也会选择饮用葡萄酒和烈酒，当地市场供应更多进口酒精产品。①

　　根据世界卫生组织《2018 年全球酒精与健康状况报告》，2018
年塞舌尔 15 岁以上人口中人均酒精消费量达到 12.4 升，其中男性
人均达到 19.7 升；而对嗜酒者而言，人均纯酒精消费量 2018 年达
到 21.8 升，其中男性达到 28.7 升。塞舌尔人均纯酒精消费量持续
上升。尽管塞舌尔法律规定 18 岁以下的人不能饮酒，但青少年仍
普遍饮酒，15～19 岁的年轻人中有 54.4% 的人饮酒。在塞舌尔，
在工作日商店可从上午 11 点到晚上 9 点出售酒精，周末则不限制，
从总体上看，塞舌尔酒精类啤酒、红酒和烈酒的消费量在上升。②
塞舌尔已采取措施限制酒精消费，包括禁止向 18 岁以下的人出售
酒精类饮品，以及限制商店出售酒类，特别是在晚上和清晨时间
段。在《2018 年全球酒精与健康状况报告》中，2018 年塞舌尔有
酒精依赖和饮酒过量而导致有害行为的人数占比高达 7.3%，其中
男性更高；而 15 岁以上人群对酒精类的消费中啤酒占 69%，红酒
占 22%。

① Hajira Amla and Sharon, "Islanders Drinking Less? Large Drop Recorded in Seychelles Alcohol Consumption," Seychelles News Agency, 2014 - 05 - 20, http：//www. seychellesnewsagency. com/articles/526/Islanders + drinking + less + Large + drop + recorded + in + Seychelles + alcohol + consumption.

② "Global Status Report on Alcohol and Health 2018," World Health Organization, 2018.

第六章

文 化

第一节　教育

一　教育发展简史

19 世纪中叶之前，塞舌尔教育史几乎是一片空白。随着罗马天主教和英国圣公会的传入，各类教会学校在塞舌尔开办起来，担任教师的是教会牧师或僧侣。此后，发展教育一直成为教会的一项重要任务，因为这可以借机扩大其影响力。天主教会在塞舌尔居于主导地位，因此大多数学校由天主教会主办。然而，天主教会开办的学校毕竟有着种种局限：教授学生法语，而非英国殖民当局所推崇的英语；重视对学生信仰的培养，而忽视对学生基本技能的培训和科学知识的普及。

塞舌尔教育事业的兴起是在英国殖民统治末期，尤其是第二次世界大战结束以后。塞舌尔人民，尤其是一些精英分子要求政府发展教育事业的呼声越来越高，最终促使 1947 年殖民政府涉足教育事业。此后，政府不但自己出资开办了一些学校，而且对教会开办的学校拥有管理权，对其进行资助。政府的举措极大地推进了塞舌尔教育事业的发展。从英国殖民末期的情况来看，虽然塞舌尔教育并非义务性的，但80%的孩子能够接受教育，他们可以接受小学教育、中学教育、职业训练以及师资培训，尽管在小学和中学教育中教会仍然发挥着重要作用。据1970年的统计数据，塞舌尔共有34所小学，注册学生8795人。从1968年的数据来看，塞舌尔共有31所小学，其中19所为罗马天主教会开办，7所为英国圣公会开办，1所由七天复活教派开办，2所为私人开办，2所为政府开办。小学教育在塞舌尔是免费的，政府为穷困学生提供午餐，并对教会学校实行资助。1968年，初级中学有11所，注册学生1436人。塞舌尔还有3所职业学校，注册学生235人。此外，还包括一所教师培训学院。高等教育在殖民地时期的塞舌尔还没有起步，政府提供奖学金让成绩优秀的学生赴国外学习，尤其是去英语国家接受高等教育，1968年有39名塞舌尔学生在英国留学。

独立后的20多年间，勒内政府对教育事业极为重视，把它作为国家发展的基础，加大了对教育的投入力度，进一步推动了教育事业的发展。据统计，塞舌尔政府在教育方面的投入，已经达到了发达国家的水平。有资料显示，1983年塞舌尔教育经费占政府预算的26.7%；1986年教育经费为8470万塞舌尔卢比，比1985年增加14%；1989年教育经费为1.38亿塞舌尔卢比；1992年教育经费为1.73亿塞舌尔卢比，占政府总开支的15.4%；1994年教育经费为1.73亿塞舌尔卢比，占政府总开支的12%。对于一个发展中国家而言，教育经费占政府总开支的10%已经是非常惊人的了，塞舌尔政府大力发展教育事业的决心由此可见一斑。

　　不仅如此，塞舌尔政府还采取种种措施，鼓励适龄儿童接受教育。从 1978 年起，政府推行九年制义务教育，要求所有 5 岁以上的儿童都要接受从一年级到九年级的义务教育。九年制义务教育的内容包括：学生从入学开始就学习克里奥尔语的读写，从三年级开始学习英语，从六年级开始学习法语；6 年的小学教育结束后，学生进入 3 年的中学阶段，学习语言之外的其他课程。1981 年塞舌尔政府设立"青年服务队"，规定义务教育结束后学生要到青年服务队接受两年劳动和政治教育。青年服务队位于马埃岛西北部的洛奈港，学生穿着米色和褐色相间的统一制服，接受特别训练。此外，青年服务队的学生还要接受园艺、烹饪、家政、牲畜饲养等技能的训练，政府希望借此提高学生走上社会后的就业能力。然而，青年服务队自成立时起就遭到一些人的强烈反对。他们认为，让学生花费这么长时间离开家庭从事专门的技能训练不利于其以后的发展。1991 年，青年服务队的学制由两年改为一年，这表明政府开始一改过去强调劳动和政治教育，转为重视正规教育，努力提高教育质量。此外，那些离开校园不愿进入青年服务队的学生可以自愿参加政府举办的为期半年的技能培训。

　　1983 年塞舌尔成立了综合工艺学院，学制三年，其为塞舌尔的最高学府，招收的基本上是那些从青年服务队毕业的学生。学校主要开设的 4 个专业为师范、商务、人文和社会科学、宾馆和旅游。1991 年招收的 1600 名学生中，在以上 4 个专业学习的人数分别为 302 人、255 人、226 人、132 人。1987 年塞舌尔开始推行 11 年制义务教育，即把青年服务队教育也纳入义务教育。由于当时塞舌尔没有高等院校，因此那些希望接受高等教育的学生只能远赴英国、美国和法国求学，这些学生或是得到留学国的奖学金资助，或是得到塞舌尔政府的全额资助。由于 20 世纪 80 年代后期出国留学人数增加，为减轻政府的负担，塞舌尔教育部宣布，1988 年改变以往由政府承担学生全部学费的做法，大学预科生及赴国外留学学生的学费，政府只负担 60%，但是家庭月收入在 2500 塞舌尔卢比之下的不在此列。

塞舌尔教育事业在独立后的 30 多年间发展速度十分惊人，这主要表现在师生人数的不断增加上。1982 年，塞舌尔在校学生 17598 人，其中小学生 14597 人，中学生（包括青年服务队）2362 人，各类技术和职业学校学生 639 人；教师总数为 929 人。1986 年，塞舌尔学生总数增加到 21332 人，教师总数为 1095 人，作为塞舌尔最高学府的综合工艺学院，学生 1284 人，教师 143 人，另外还有 377 名学生在海外留学。1992 年，塞舌尔小学生有 9770 人，初中生有 6202 人，青年服务队学生人数 1135 人，综合工艺学院学生人数 1682 人，教师总数增加到 1428 人。1997 年，塞舌尔小学生有 9815 人，中学生有 6660 人，青年服务队学生人数 1367 人，综合工艺学院学生人数 1380 人，教师总数为 1539 人。从以上数据可以看出，塞舌尔各类学校的学生人数以及教师人数总体上呈增长趋势，这是政府非常重视教育并且大力发展教育的结果。作为一个发展中国家，塞舌尔的文盲率很低，成人识字率在 1998 年达到了 85%，远高于发展中国家的平均水平。

近年来，塞舌尔教育有了一定的发展。其中，高等教育的入学率逐年提高，2015 ~ 2017 年的入学率分别为 14.38%、18.27%、19.72%（见表 6 - 1）。2017 年，小学教育的入学率为 96.78%，学生有 9037 人，教师有 644 人，经过培训的教师占比约为 84%；中学教育的入学率为 97.36%，学生有 7124 人，教师有 635 人。

表 6 - 1 2012 ~ 2020 年塞舌尔教育情况

单位：%

	2012 年	2013 年	2014 年	2015 年	2016 年	2017 年	2018 年	2019 年	2020 年
学前教育入学率	106.53	102.40	103.87	101.60	102.72	100	100	100	—
小学教育入学率	106.16	102.21	99.27	100.98	96.30	96.78	104.32	—	—
中学教育入学率	94.96	99.73	99.14	97.35	98.51	97.36	—	—	—
高等教育入学率	1.38	3.20	6.50	14.38	18.27	19.72	17.08	19.17	14.72

注：学前教育和小学教育超过 100% 的数据是超过国家法定年龄的学生的加入导致的。2019 年和 2020 年受新冠疫情影响数据不完整。

资料来源：https://www.indexmundi.com/facts/seychelles#Education。

二 教育方针

塞舌尔《宪法》（1993）第 33 条规定："国家承认每个公民享有受教育的权利，并为了确保有效实现这一权利，承诺：

在公立学校实施义务教育，义务教育的期限不得少于十年，具体期限由法律规定；

确保所有学校的教育计划都以个人全面发展为目标；

在知识能力的基础上，使每一个公民在义务教育期满后享有平等的受教育机会和教育设施；

在符合民主社会必要的合理限制、监督的情况下，允许任何人、组织或机构设立私立学校；

尊重家长选择送子女上公立学校或私立学校的权利。"

三　教育行政机构

1. 教育部

教育部的使命是建立一个反映国家价值观的连贯而全面的素质教育和培训制度，以促进人的全面发展并使之能够充分参与社会和经济发展。其愿景是使未来的公民能够为参与建设可持续、和平与和谐的塞舌尔社会做出积极贡献，同时维护国家独特的传统和文化。[①]

2. 高等教育委员会

高等教育委员会的使命是规范高等教育和培训部门，以维护所有利益攸关方的利益，并提供有依据的建议，以确保教育部的发展。其主要职能是为塞舌尔的高等教育发展提供经费。委员会将对有关高等教育发展的政策和计划提出建议，并就制定有关高等教育的法规向教育部部长提供意见。

四　教育体制

塞舌尔政府重视发展教育事业。2018 年教育和人力资源发展部预算为 10.65 亿塞舌尔卢比，在各部门预算中列第 2 位，约占全年预算的 13.4%。儿童自 6 岁开始接受义务教育，包括小学 6 年、中学 6 年。根据塞舌尔政府 2016 年报告，塞舌尔现有幼儿园 33 所、小学 28 所、中学 14 所。塞舌尔大学是塞舌尔唯

---

① http：//www.education.gov.sc/.

一的综合性大学，成立于 2009 年，前身是中国援建的综合工艺学院。政府制订成人教育计划，实行全民文化教育。15 岁以上人口识字率达 91.9%。[①]

1. 学前教育

正规的学前教育为期两年，由国家在所有地区对 3 岁半至 5 岁半的儿童免费提供。虽然这个阶段是非强制性的，但这个年龄段的孩子几乎都参加。学前教育班附属于或邻近小学，并由小学校长管理。在教育部门注册的私立学校也提供正规的学前教育。[②]

2. 初等教育

初等教育的学制为 6 年（小学一年级至六年级），对所有儿童都是义务教育。《教育法》（2004）第 56 条规定，儿童必须在父母或监护人的居住地就读公立小学。从课程设置上看，小学阶段分为低、中、高年级。公立和私立学校都提供初等教育。

3. 中等教育

与初等教育一样，国家提供的中等教育是免费的。中等教育是义务教育，教育地点为一级行政管理地区的中学。中学四年级毕业后，少数学生选择接受高等/非大学教育和进行提高水平的培训/学徒计划。

4. 特殊教育

特殊教育旨在促进公平和包容，使所有儿童，包括那些有特殊教育需要的和残疾的儿童，都能充分接受高质量的教育。

---

① 中华人民共和国外交部网站，https：//www. fmprc. gov. cn/web/gjhdq_ 676201/gj_ 676
203/fz_ 677316/1206_ 678428/1206x0_ 678430/。

② http：//www. education. gov. sc/。

第二节　科研机构

塞舌尔属于小岛屿发展中国家，总体科研水平相对落后，研发经费投入较少，目前主要科学研究机构集中在海洋和农业领域。

一　西印度洋海洋科学协会

西印度洋海洋科学协会（Western Indian Ocean Marine Science Association，WIOMSA）是一个致力于推动西印度洋地区海洋科学各个方面发展的非政府组织。西印度洋地区包括肯尼亚、坦桑尼亚、南非、莫桑比克、索马里、科摩罗、马达加斯加、塞舌尔、毛里求斯等国家。WIOMSA 拥有约 1000 个个人会员和 50 个团体会员，包括海洋学家、海洋从业者和研究机构等，推动西印度洋地区海洋研究和开发利用。

WIOMSA 主要关注该区域海洋资源的可持续利用和保护，促进会员的联系和交流，组织海洋科学研究和开发利用方面的会议及培训班，资助开展海洋研究，并推动和加强西印度洋地区内外研究机构间的联系，以支持西印度洋地区海洋科学的发展。

二　塞舌尔海洋研究与技术中心

塞舌尔海洋研究与技术中心（Seychelles Centre for Marine Research and Technology）在生命海洋基金会（Living Oceans Foundation）的支持下，对在印度洋上的一个由 115 个岛屿组成的群岛开展海洋科学研究。其研究任务主要集中在南部岛屿，研究人员进行日常科学考察和数据收集。同时，安排系列短期和长期的培训课程、编印培训材料等，以支持海洋科学方面的教育和科普工作。教育工作的目标是宣传海洋保护的理念，支持青年科学家开展研究，并加强国际交流与合作。

第三节　文学艺术

一　文学

使用克里奥尔语写作的主要本地作家有诗人、剧作家克里斯蒂安·赛维娜（Christian Savina），短篇小说家、剧作家玛丽－特蕾莎·肖皮（Marie- Therese Choppy），诗人安托万·阿贝尔（Antoine Abel）和推理作家让－约瑟夫·玛德林（Jean- Joseph Madeleine）。但是，他们的作品目前还没有英文译本。实际上，关于塞舌尔群岛的英文小说很少，大部分作家选择了游记或自传等体裁。唯一的例外是长住此地的格林·柏里奇（Glynn Burridge），他的短篇小说融合了事实与虚构。维多利亚书店有售本地出版的《声音：塞舌尔短篇小说集》（*Voices：Seychelles Short Stories*）。

二　音乐与舞蹈

1. 乐器

从历史上看，塞舌尔并没有严格意义上的原住民，因此该国的传统乐器实际上是移民在较早年代传入的、相对意义上的传统乐器。一个典型的克里奥尔乐队的乐器通常有一个键盘、一把吉他、两把小提琴或一件非洲乐器、几个非洲鼓。乐队中既有源于欧洲的乐器，也有源于非洲的乐器，这与塞舌尔的历史和克里奥尔民族的构成特点是分不开的。

塞舌尔单弦琴（Zeize）是一种弹拨乐器，属于单弦西塔琴。该乐器源于马达加斯加，大约在 20 世纪初期由马达加斯加妇女传入塞舌尔。该乐器由一块长 70～90 厘米的木板、一大一小两个葫芦和一根吉他弦构成。演奏该乐器时，演奏者将大葫芦靠在胸前，乐器的顶端放在腿上，演奏者坐着弹拨演奏。该乐器可以发出四种音，其音量不大，一般由乐手根据舞曲的固定节奏即兴演奏。

Macalapo 是一种弹拨乐器，为一种古老的独弦琴。Macalapo 的演出受到场地的制约，极少有人演奏这种乐器，该乐器几乎濒临消亡。这种乐器的制作方法是：将一个中等大小的空铁筒埋于地下，仅露出顶部；将顶部开一小孔，放入一小块木块，系住弦线的一端并固定好。在离铁桶约 60 厘米的地方，将一根可弯曲的木棍刺入地中，将弦线的另一端系在木棍的顶部。演奏时用一只手拨奏，另一只手握住木棍的顶部，通过拉紧和放松木棍来调节音高。

Bombe 是一种乐弓。从乐器的形制来看，该乐器与流行于非洲大陆南部的乐弓十分相似，应该源于非洲大陆南部，由非洲移民传入塞舌尔。由于 Bombe 本身音量不大，加上这种乐器基音与泛音同时发音，所发出的声音类似于和弦音，因此，在乐队中 Bombe 是作为一种伴奏乐器存在的。其制作方法是：将一条长渔线系在一根弯曲的木棍两端，用另一条短渔线带过长渔线，并在木棍中部系一个空心葫芦，用小木棍击打长渔线而发音。小木棍的一端常安装一个内装谷物的小盒子，这样一来在演奏时可作为发出应和节奏的响声。Bombe 可以发出变化多样的声音。演奏者坐着演奏该乐器，演奏时将葫芦抵住腹部，将两个手指按在渔线上，这样一来就把渔线分为了两截，敲击渔线的不同地方发出不同的声音。

塞舌尔的鼓类乐器均来源于非洲大陆，有立式鼓和手鼓两大类。其中立式鼓用途较广，在各种歌舞中均有运用；而手鼓基本仅为 Moutia 舞蹈伴奏。立式鼓为杯形，较轻，既可放在地上，也可放在腿上，演奏者需坐着演奏该乐器。立式鼓内常放有小石头，摇晃时可以发出响声。塞舌尔本地并不生产立式鼓，这种乐器均从非洲大陆进口。立式鼓是最为常见的乐器之一，鼓手通常根据歌曲的内容与舞蹈的基本节拍即兴演奏。手鼓为塞舌尔本地所产，用当地一种很容易弯曲的稀有木材做鼓架，蒙以牛皮或羊皮鼓面。演奏时，演奏者一手持鼓、一手持槌击鼓，有时也可用手敲击演奏。

2. 舞蹈

与非洲大陆舞蹈相比，塞舌尔的克里奥尔舞蹈显得较为文雅。舞者穿着整齐，男士穿长袖衬衣和长裤，佩戴领结；女士穿长裙，戴头巾或礼帽，这显然受欧洲影响，但男女舞者均赤脚。舞蹈的程式类似于欧洲，一般为男士邀舞，邀舞时男士们彬彬有礼，常鞠躬和行吻手礼。跳舞时舞者身体接触很少，但在跳舞过程中，舞者的臀部随音乐节奏而频繁摆动，到高潮时舞者还经常发出嘘叫，舞蹈动作和氛围仍带有非洲大陆舞蹈的特征。

塞舌尔的"穆蒂王"舞于 18 世纪中期由非洲奴隶传入，现仍流行。"穆蒂王"舞的伴奏乐器为手鼓，舞蹈的整个过程都由演奏手鼓的鼓手控制。舞蹈开始前，鼓手先用火将手鼓加热。当鼓皮发热时，鼓手用手击鼓以调音，音调好后开始用鼓槌击鼓演奏，随即舞蹈开始。当鼓皮温度冷却下来后，鼓手停止敲击，舞蹈停止，整个过程持续大约 15 分钟。短暂休息后，鼓手会将手鼓重新加热，然后新的一轮舞蹈开始，如此循环反复，通宵达旦。舞者在跳舞时，先席地围坐成一圈。鼓声响起后，两名男子走到圈中，其中一个先背诵一句古老歌词或即兴创作一句歌词，另一个则即兴为这句歌词谱曲，并随固定的鼓声节奏演唱。当一首完整的歌曲逐句创作好后，两名男子开始边唱边舞，并走向女士邀舞。接着，其他的男子也站起来向身边的女士邀舞。跳舞时男士站在女士的面前，身体没有接触，偶尔男士将手伸向女士，但在快触及时立即离开。舞者随着鼓声跺脚、摇摆并歌唱。跳舞时舞者腰以上的身体部位几乎不动，仅腰以下的身体部位摇摆。

三　绘画艺术

最近几十年，越来越多的艺术家定居在塞舌尔，在当地形成了一个产业，正好迎合了购买纪念品的游客们的需求。商店里不仅有传统的棕榈树和落日风景画，还有一些现代艺术家的作品。

米歇尔·亚当斯（Michael Adams）是最负盛名的也是最与众不同的当代艺术家。乔治·卡米尔（George Camille）则是一位从大自然获取创作灵感而备受好评的艺术家。芭芭拉·约翰逊（Barbara Jenson）在拉迪格岛有一个工作室；此外，拉扎尔海湾的杰拉德·德伍德（Gerard Devoud）和布法隆海湾的奈杰尔·亨利（Nigel Henry）也是当地的知名艺术家。

安德鲁·吉（Andrew Gee）专注于绢帛画和水彩垂钓图；克里斯汀·哈特（Christine Harter）的阳光沐浴图非常著名。画家和雕刻家埃格伯特·马蒂（Egbert Marday）创作了关于渔民和种植场工人的画作，他最知名的作品是位于维多利亚独立大街法院门前持手杖散步的男人雕像。洛佐伦·阿皮尼亚（Lorenzo Appiani）创作的雕塑被放置在六月大街的两端。

第四节 体育

一 体育运动

塞舌尔的运动项目包括板球、篮球、足球、橄榄球和排球。其中，足球是塞舌尔最受广大群众喜爱的体育运动项目。塞舌尔国家足球队是塞舌尔的国家足球代表队，由塞舌尔足球协会管理，已加入国际足协及非洲足协。塞舌尔至今仍未参加过任何国际大赛的决赛，无论在世界杯还是非洲国家杯外围赛阶段，都从未获得过出线资格。位于塞舌尔维多利亚市罗奇凯门的球场，可容纳1万人。

塞舌尔群岛以潜水胜地而闻名。水上运动包括游泳、浮潜和冲浪。帆船运动在岛上很受欢迎。

二 国际赛事

1. 奥运会

塞舌尔国家奥林匹克委员会成立于1979年，同年也得到了国际奥林匹克委员会（IOC）的认可。

塞舌尔于1980年开始正式参加夏季奥运会。除未参加1988年汉城夏季奥运会，塞舌尔参加了1980～2021年的其他各届夏季奥运会。但是，限于自身实力，塞舌尔从未获得一枚奥运奖牌。

2016年里约奥运会期间，塞舌尔10名队员参加了田径、拳击、柔道、帆船、游泳、举重6大类项目的比赛。

2021年，塞舌尔有5名运动员参加东京奥运会，其中罗德尼·戈文登第二次参加奥运会帆船比赛，继续担任国家队旗手；费利西蒂·帕森第一次参加奥运会，参加女子200米仰泳和100米仰泳比赛；西蒙·巴赫曼参加男子1500米自由泳比赛；内德·阿泽米亚参加了男子400米跨栏比赛，以50.74秒的成绩创下了个人最高纪录，并创造了塞舌尔新的国家纪录；南特奈纳·菲尼斯参加了90公斤级男子柔道比赛。塞舌尔政府高度重视参加奥运会，总统米歇尔和拉姆卡拉旺分别为里约奥运会和东京奥运会代表团授旗并接见运动员。

2. 英联邦运动会

塞舌尔于1976年加入英联邦。自1990年以来，塞舌尔参加了每一届英联邦运动会。1994年，在拳击比赛中塞舌尔获得了第一枚奖牌。截至2018年，塞舌尔共赢得了7枚奖牌，其中一半是在拳击比赛中获得的。[1]

第五节　新闻出版

一　报刊与通讯社

《塞舌尔民族报》为官方日报，1976年创刊，时称《民族报》，用英文、法文、克里奥尔文出版，日发行量3200～3500份；

---

① https：//en. wikipedia. org/wiki/Seychelles＿at＿the＿Commonwealth＿Games.

《今日报》，第二大日报，2011 年创刊，日发行量 2500～3000 份；《人民报》，1964 年创刊，是塞舌尔创办最早、历史最长的新闻报刊，每周发行 4500 份。

塞舌尔新闻通讯社是官方通讯社，1979 年成立，用英文、法文发稿。

二　广播与媒体

塞舌尔广播公司（SBC）：前身为塞舌尔广播电视台，负责塞舌尔所有广播和电视业务，为半官方机构。

塞舌尔广播电台：建于塞舌尔独立前，每天用克里奥尔语、英语和法语 24 小时不间断播出，设调幅（AM）和调频立体声（FM）两个广播频道。

塞舌尔国家电视台：于 1983 年投入使用，24 小时不间断播出，主要转播 BBC、法国电视台、CCTV 英语频道、今日俄罗斯、CNN、KBS 的节目，当地制作的节目占 20%，用克里奥尔语、英语和法语播出。

塞舌尔各政府部门和机构均建立了网站。与投资推介相关的主要为塞舌尔投资局，网址为 www.sib.sc；塞舌尔金融服务局，网址为 www.fsa.net。

第七章

外　交

第一节　外交政策

一　塞舌尔外交事务的管理框架

塞舌尔外交和旅游部是一个功能强大的政府部门，开展务实和积极的外交活动。目前，塞舌尔在 100 个国家和地区设立领事馆，有 109 个国家和地区在塞舌尔设立大使馆和领事馆。塞舌尔政府高度重视发展国际伙伴关系，在双边、多边和区域层面不断深化对外关系，外交政策以和平、积极和创新的外交实践为基础。

外交和旅游部下涉及外交领域的分支机构有双边事务部、多边事务部和区域事务部，每个部门设主任 1 名，工作人员若干名，构成了塞舌尔共和国处理外交事务的管理框架。现任外交和旅游部部长是西尔韦斯特·拉德贡德。

二　外交政策[①]

在塞舌尔 2021～2025 年外交政策中，塞舌尔将以双边、多边、

---

① Executive Summary of the Seychelles Foreign Policy 2021 – 2025, https：// mfa. gov. sc/foreign – policy.

和平、主动和创新的方式加强其对外关系，凸显其小岛屿国家的重要地位，并支撑其可持续蓝色经济发展。塞舌尔是一个小岛屿发展中国家，为了改变小岛屿发展中国家作为国际社会旁观者的现状，促进可持续发展，提升国际话语权，塞舌尔在对外政策中倡导可持续利用海洋资源，坚持发展蓝色经济。

塞舌尔的外交关系取决于其国家法律体系，即政府实施的《宪法》。在国际上，界定独立主权国家之间外交关系框架的两个主要文件是 1961 年《维也纳外交关系公约》和 1963 年《维也纳领事关系公约》。

宪法赋予塞舌尔总统执行塞舌尔外交政策的权力。总统有权任命一名外交和旅游部部长，并授予其执行塞舌尔外交政策的职能，外交和旅游部部长在执行外交政策任务时对总统负责。宪法规定，总统可以任命大使、高级专员、任何主要代表、经认可的特使，他们可以共和国名义签署或促使条约签署。

塞舌尔共和国作为国际社会的主体，坚持国际法和惯例原则，这些原则对建立富有成果的外交关系至关重要。塞舌尔承认各国的主权和领土完整，发展与其他国家的外交和友好关系，同时铭记各国的自决权；保护所有人的人权和基本自由，同时维护重要的道德价值观和法治；以区域一体化和/或合作作为加强对外合作的手段。塞舌尔相信外交和外交实践是在世界各国政府之间建立良好关系的基石，有助于开展富有成果的谈判、和平解决争端以及不干涉他国内政；促进双边、区域和国际贸易，实现可持续社会经济发展。

塞舌尔外交政策以和平、积极和创新的外交实践为基础。因此，为了保护塞舌尔的国家利益，塞舌尔将 15 个关键领域定为外交的首要目标。

（1）在全球国际关系体系中加强和发展塞舌尔外交关系，尊重法治、和平共处和保障人权；

（2）寻求外交机会，通过调动国际伙伴的资源，促进塞舌尔的社会经济发展；

（3）促进实施小岛屿发展中国家议程的全球领导项目；

（4）促进和保护在国外的塞舌尔人的权益；

（5）保护塞舌尔的自然环境，免受包括气候变化在内的生存威胁；

（6）在区域和全球各层面推动可持续发展议程；

（7）推动签证便利化乃至取消签证，促进海空联通；

（8）履行对国际法的承诺，遵守国际条约和公约；

（9）在全球推行蓝色经济议程；

（10）促使塞舌尔成为一个有竞争力、安全可靠的国际金融和投资目的地；

（11）促进塞舌尔旅游业的发展以及增强与其他国家和经济集团的贸易关系；

（12）促进治理、和平、稳定与安全，包括区域和世界范围内的海事安全；

（13）促进南南合作和区域一体化；

（14）促进南北合作；

（15）倡导粮食和人类安全。

塞舌尔发展双边关系的重点是经济伙伴关系与经济合作，促进各经济领域的发展，包括蓝色经济、贸易、外国直接投资、渔业和旅游业。塞舌尔将优先考虑海事安全保障、可再生能源、环境保护、航空、基础设施项目、卫生、社会发展、技术援助、教育、培训和文化交流。推动签证豁免，以便利入境和与更多国家实现互惠。

塞舌尔积极发展强有力的多边关系，希望可以在一个共同的平台上表达塞舌尔的声音，其联合决定也被所有缔约国视为合法和具有约束力。多边机构将各国及其伙伴和利益攸关方聚集在一起，为小岛屿发展中国家发声提供一个有用的平台。

关于区域事务，塞舌尔赞同更广泛的人类安全概念，支持为区域稳定、国际合作和经济繁荣创造有利条件，并通过积极主动的外交促进该区域的和平、安全与稳定。作为一个拥有广阔海洋空间的小岛屿发展中国家，塞舌尔将在蓝色经济中寻求自然资源的可持续开发，为塞舌尔的经济增长做出有意义的贡献。

第二节　参加的相关区域性国际组织[①]

一　东南非共同市场

塞舌尔于 1997 年 9 月申请加入东部和南部非洲共同市场（东南非共同市场），1998 年 3 月塞舌尔批准并接受了《东南非共同市场条约》。东南非共同市场有 21 个成员国，包括布隆迪、科摩罗、刚果民主共和国、吉布提、埃及、厄立特里亚、埃塞俄比亚、肯尼亚、马达加斯加、利比亚、马拉维、毛里求斯、卢旺达、塞舌尔、苏丹、斯威士兰、乌干达、赞比亚、津巴布韦、突尼斯、索马里，人口约 4 亿。现任东南非共同市场秘书长是奇莱舍·卡普韦普尔。

---

① International Relations, https：//www.seychellesconsulate.com/international – relations/.

《2011～2015 年东南非共同市场中期战略计划》概述了东南非共同市场的战略和目标，包括以下优先领域：消除要素流动障碍，提高全球竞争力，增强生产能力，解决与基础设施、和平与安全、交叉问题和加强体制建设有关的供应方制约问题。为了实现其目标，东南非共同市场实施了一些方案，塞舌尔正在积极参与这些方案。

东南非共同市场自由贸易区于 2000 年 10 月启动，目前成员包括吉布提、埃及、肯尼亚、利比亚、马达加斯加、马拉维、毛里求斯、苏丹、赞比亚、津巴布韦、布隆迪、卢旺达、科摩罗和塞舌尔等。塞舌尔于 2009 年 5 月 11 日加入东南非共同市场自由贸易区。

二 经济伙伴关系协议

自 1975 年以来，欧盟与非洲、加勒比和太平洋地区国家集团之间的贸易、发展和合作关系在《洛美公约》框架下运行。2000年 6 月 23 日，非洲、加勒比和太平洋地区国家与欧盟商定了一项新的合作框架协定，即非加太地区国家与欧共体及其成员国伙伴关系协定（《科托努协定》）。双方在 2007 年 12 月 31 日之前确定符合世界贸易组织相关规则的新贸易安排，这项新的贸易安排被称为"经济伙伴关系协议"（EPA）。

2009 年 8 月 29 日，塞舌尔与欧盟以及毛里求斯、马达加斯加和津巴布韦在毛里求斯签署了《临时经济伙伴关系协定》。塞舌尔与欧盟之间的自由贸易不断推进，欧盟要求塞舌尔在 2013 年起的 10 年内取消其对欧盟的进口总额（按价值计算）的 97.52% 的关税。作为回报，来自塞舌尔的产品将被允许免税进入欧盟市场，欧盟支持塞舌尔渔业、农业、贸易部门、基础设施和私营部门的发展。

三　环印度洋区域合作协会

塞舌尔在 2003 年 6 月实施"宏观经济改革计划",从本国利益出发,决定退出南部非洲共同体(SADC)和环太平洋区域合作协会(IOR – ARC)。在重新评估之后,于 11 月重新加入环印度洋区域合作协会(IOR – ARC)。IOR – ARC 是一个三方性质的区域论坛,会集了政府、企业和学术界的代表,以促进协会成员之间的合作和更密切的互动。它以开放的区域主义原则为基础,旨在加强经济合作,特别是促进贸易便利化和投资以及该地区的社会发展。

IOR – ARC 的目标有以下几方面。(1)促进本区域和成员国的经济持续增长和平衡发展,为区域经济合作奠定共同的基础。(2)注重经济合作,促进贸易便利化和自由化、外国投资、科技交流以及旅游业发展、自然人流动等;促进基础设施和人力资源,特别是扶贫、海上运输和相关事项、渔业贸易、研究和管理、水产养殖、教育和培训、能源、信息技术、卫生、环境保护、农业、灾害管理等领域的合作。(3)探索贸易自由化的途径,消除贸易障碍,使区域内的商品、服务、投资和技术流动更加自由。(4)鼓励成员国的学术机构、学者和人民密切互动,成员国之间不存在任何歧视,也不影响其他区域经济和贸易合作。(5)在全球经济问题国际论坛上加强成员国之间的合作与对话,并在必要时在区域论坛上就共同关心的问题制定共同战略和采取共同立场。(6)促进人力资源开发方面的合作,特别是促进成员国培训机构、大学和其他专门机构之间更密切的联系。塞舌尔是小岛屿国家,在海洋渔业、海洋旅游、海上运输与安全领域具有重要地位。

四 印度洋委员会

印度洋委员会（IOC）是一个政府间组织，成员有塞舌尔、毛里求斯、马达加斯加、科摩罗和留尼汪（法）。它的主要目标是促进其成员的可持续发展。

1982年1月18~21日举行路易港会议，毛里求斯、马达加斯加、塞舌尔三国外长签署《路易港协定》，决定成立印度洋委员会。1984年1月，三国外长在塞舌尔维多利亚签署《维多利亚协定》，印度洋委员会正式成立。科摩罗和留尼汪（法）于1986年1月10日加入该组织。IOC确定了其在政治和外交、贸易和经济、农业、渔业、资源保护和生物多样性以及文化、科学、技术和司法领域的合作。

自成立以来，IOC在环境、旅游业、区域内贸易、渔业、电信、文化、气候变化、健康和性别问题等领域制订了行动计划并启动了相关项目。这些项目得到了欧盟、欧洲发展基金（EDF）以及其他捐助机构的资金支持，例如全球环境基金、世界银行、非洲开发银行和法国发展署（AFD）。IOC是唯一具有特定岛屿结构的组织。因此，该组织在促进小岛屿特定利益方面发挥着主导作用。IOC最近还获得了非洲联盟观察员的地位。

在2013年1月17日举行的第28届部长会议上，塞舌尔将IOC主席职位移交给科摩罗。IOC总秘书让·克洛德·埃斯特拉克在会上对让·保罗·亚当部长在担任IOC主席期间为IOC所做的贡献表示感谢。在其担任主席期间，IOC取得了显著成就，例如在塞舌尔群岛组建了分散的IOC打击海盗小组，实施了许多区域发展计划，如"香草群岛"计划，并积极参与制定解决马达加斯加政治危机路线图。

五　南共体

塞舌尔于 1997 年 9 月加入南部非洲发展共同体，但由于财政和人力资源限制，于 2003 年 6 月退出。2008 年 8 月 17 日，塞舌尔重新加入南共体。南共体总部设在博茨瓦纳哈博罗内，现任南共体秘书处执行秘书为埃利亚斯·马戈西。

南共体目前有 16 个成员国：安哥拉、博茨瓦纳、刚果民主共和国、莱索托、马达加斯加、马拉维、毛里求斯、莫桑比克、纳米比亚、塞舌尔、南非、斯威士兰、坦桑尼亚、赞比亚、津巴布韦、科摩罗。

南共体的愿景是确保南部非洲各国人民生活水平和生活质量的提高，实现自由和社会正义以及和平与安全。这一共同愿景以南部非洲各国人民之间存在的共同价值观和历史与文化亲和力为基础。

塞舌尔正在谈判加入南部非洲发展共同体自由贸易区。南共体发起并实施了一些方案，塞舌尔积极参与其中：南共体统一签证；建立南部非洲农业研究与发展协调中心；实施运营安全和持续适航合作开发计划；实施航空安全合作项目；等等。南共体支持塞舌尔打击海盗行为，维护区域海洋安全。

六　东非共同体 – 东南非共同市场 – 南共体三方自由贸易区

三方自由贸易区由东南非共同市场、东非共同体和南共体组成，旨在建立一个更大的自由贸易区，以实现海关和经济自由化。26 个国家参与制定三方自由贸易协定的谈判，希望在其三个经济合作区内贸易自由化的实质性进展得到承认。三方自由贸易协定的通过将巩固区域经济合作。第一阶段涵盖市场准入谈判，并在平行和单独的轨道上跟踪整个区域的商业人员流动。第二阶段涵盖服务贸易、知识产权、竞争政策以及贸易发展和竞争力的谈判。[①]

第三节　对外关系

塞舌尔是一个免签证国家，作为一个小岛屿发展中国家，旅游业在塞舌尔经济中扮演重要角色。尽管进入塞舌尔不需要签证，但游客仍需持有有效护照或塞舌尔政府认可的其他旅行证件才能入境。护照必须在预期停留期间有效，直至持有人返回原籍国或居住国。免签极大地促进了塞舌尔旅游业的发展。目前，塞舌尔公民前往 120 个国家不需要签证，其中乌拉圭、越南要求需持有塞舌尔官方护照、外交护照，印度则要求塞舌尔公民在线申请，然后从驻塞舌尔的印度使领馆便捷获得前往印度的许可纸签。

一　同印度的关系[②]

长期以来，塞舌尔十分重视与印度的关系，塞印关系基础广泛，涉及经济贸易、国防安全、文化和人文交流等多个领域。

1. 经济关系

2019～2020 年，塞舌尔和印度之间的贸易额仅为 6500 万美元，贸易差额对印度非常有利。2014 年塞舌尔从印度的进口额为

---

①　International Relations，https：//www.seychellesconsulate.com/international – relations/.

②　"India Seychelles Relations：Why Is Seychelles Important for India？" https：//www.upsciq.com/magazine_ months/april – 2021/ .

4380 万美元，2018 年对印度的出口额仅为 2.3 万美元。塞舌尔从印度进口食品、日用电器、石油产品等。自 1978 年以来，印度巴罗达银行在塞舌尔维多利亚设有一家海外分行，开展相关业务。印度私人公司，如 Bharti Airtel 和 Tata，在塞舌尔也设有分公司。塞舌尔是印度人的主要旅游目的地。

2. 防务合作

两国保持着密切的防务合作。塞舌尔对印度具有战略意义，因为它靠近全球航运和商业通道，是打击印度洋地区海上恐怖主义和海盗活动的重要基地。印度向塞舌尔提供了资金和设备支持，如 228 型多尼尔巡逻机和契塔克直升机，以满足塞舌尔防务需求。印度还向塞舌尔捐赠了一艘快速巡逻船（PS 索罗亚斯德号）。印度向塞舌尔委派印度武装部队的军官，帮助塞舌尔武装部队进行能力建设，印度海军的多艘船只不定期访问塞舌尔，深度参与塞舌尔反海盗部署和海洋专属经济区保护。2018 年，印度政府宣布，印度向塞舌尔提供 1 亿美元的信贷，以发展其国防。

3. 文化关系

塞舌尔和印度之间的文化合作意义重大。在双边文化交流中，具有里程碑意义的活动是 2013 年之后每年在塞舌尔首都维多利亚举行的印度节庆祝活动。2015 年 10 月，在塞舌尔举办了 "2015 印度节"；印度在塞舌尔举办了第一届国际瑜伽日庆祝活动，活动包括大规模瑜伽会议、瑜伽展览开幕式以及研讨会兼瑜伽演示等。塞舌尔有众多的印度裔人口，文化交流加深了两国之间的关系。

4. 人员往来

印度与塞舌尔有着重要的历史联系，印度国民是塞舌尔群岛最早的居民，主要来自泰米尔纳德邦，后来来自古吉拉特邦，他们主要是商人和建筑工人等。近年来，有更多的印度专业人士前往塞舌尔。

5. 发展援助

印度是向塞舌尔提供最多发展援助的国家之一。塞舌尔是第一个从印度获得新冠疫苗的国家。印度提供了5万剂新冠疫苗，帮助塞舌尔在2021年4月末实现70%的人免疫。

虽然塞舌尔和印度间的双边关系基本上是稳定的，但也面临一些小挑战。第一，双边贸易失衡，双边贸易绝大多数有利于印度，印度需要从塞舌尔进口更多产品，以实现双方可持续的公平贸易关系。第二，塞舌尔群岛周围海域是应对海盗活动最为脆弱的地区之一，印度在改善该地区安全形势方面没有取得多大成果。第三，尽管塞舌尔拥有大量的印度裔人口，但从印度到塞舌尔的航班数量少，航空票价高。未来印度对塞舌尔的援助还会增加，两国在应对气候变化影响以及解决贸易平衡等方面会加强合作，国防安全合作仍是未来塞舌尔与印度合作的重要领域，通过情报共享、联合军事演习、能力建设等方式不断加强双方防务关系。

2020年10月拉姆卡拉旺当选为塞舌尔总统，作为印度裔总统，他十分重视塞舌尔同印度的关系。他接受莫迪总理的邀请，承诺在适当时候访问印度。2021年3月4日，拉姆卡拉旺总统接受印度DD India电视台的采访，高度评价塞印关系。他对塞舌尔与印度正在进行的经济、贸易和安全领域的合作充满信心。塞舌尔在印度的印度洋战略中扮演重要角色，"塞舌尔需要印度，印度也需要塞舌尔"。[①]印度是塞舌尔最大的贸易伙伴，莫迪政府高度重视印

① "Gappy V. President Ramkalawan Speaks to DD India, Seychelles Nation," 2022 – 03 – 04, https：//www. nation. sc/articles/8071/president – ramkalawan – speaks – to – dd – india.

塞关系，不断加大对塞舌尔的援助力度，包括为塞舌尔提供巡逻艇、修建政府住宅和警察总部大楼、援建法医实验室等。

二　同美国、法国、英国的关系

作为印度洋中西部的岛屿国家，塞舌尔的地缘战略位置十分重要。无论在殖民时代，还是在独立之后的发展进程中，塞舌尔都是西方发达国家关注的重点小岛屿国家之一。进入 21 世纪，索马里海盗活动猖獗，塞舌尔管辖海域的非法捕捞升级，塞舌尔成为打击海盗与非法捕捞的重要小岛屿国家，美国、法国、英国对塞的援助和发展合作更关注海上安全与蓝色经济发展。

1. 同美国的关系①

1976 年，塞舌尔脱离英国独立后，美国与塞舌尔建立了外交关系。因美国不满塞舌尔人民进步阵线一党执政，塞美关系曾长期冷淡。1991 年塞舌尔向多党制转型之后，两国关系有较大改善。

20 世纪 60 年代，美国曾在塞舌尔设卫星跟踪站，向塞舌尔交纳租金，提供少量军援，并帮助塞舌尔培训军官。2004 年 9 月，美国中部战区司令和军事法律专家小组分别访塞。2007 年 1 月，美国移交塞舌尔在普拉兰岛建造的一座现代化诊所和一个太平间。2009 年 7 月，两国签订了驻军保护协定，塞舌尔允许美军舰在维多利亚港停泊补给。2010 年 7 月，两国签订了海盗嫌犯移交协议，双方表示将加强在打击海盗、非法捕鱼和毒品走私方面的合作。2013 年克林顿基金气候倡议小组与塞舌尔签署备忘录，帮助塞舌尔利用太阳能和生物能发电。2016 年 11 月，塞舌尔总统富尔就特

① U. S. Relations with Seychelles, https：//www.state.gov/u－s－relations－with－seychelles/.

朗普当选为美国总统致贺电。2020 年 11 月 12 日，塞舌尔总统拉姆卡拉旺祝贺拜登、哈里斯任美国总统和副总统。2021 年 4 月，塞舌尔政府参加了美国发起的领导人气候峰会；2021 年 12 月，塞舌尔政府参加了美国发起的"民主峰会"。

美国和塞舌尔在维护海上安全以及打击海盗、毒品、走私和非法捕捞方面有共同的利益，塞舌尔与美国签订的若干协定，聚焦海洋安全，促进维护海洋权益和海洋经济持续发展。美国对塞舌尔的援助重点是海上安全，包括为塞舌尔海岸警卫队、军队和警察提供培训和设备。美国为塞舌尔青年领导人和专业人士提供交流项目资助，美国积极参与在塞舌尔举办的教育和培训活动，以扩大美国的影响力。新冠疫情防控期间，美国为塞舌尔捐赠了数万剂疫苗和个人防护装备。

塞舌尔已获得高收入地位，不再有资格享受《非洲增长和机会法》规定的贸易优惠。2021 年，塞舌尔自美国进口了 1000 万美元的货物，向美国出口了 900 万美元的商品。美国没有在塞舌尔设立大使馆，1996 年 9 月，美驻毛里求斯使馆负责关于美国同塞舌尔的外交事务；驻塞舌尔大使居住在驻毛里求斯使馆，使馆官员不定期前往塞舌尔调研和处理相关外交事务。塞舌尔在华盛顿特区没有大使馆，塞常驻纽约联合国代表兼任驻美国大使，驻纽约办公。

2. 同法国的关系

作为曾经的法属殖民地，塞法关系密切。法国是塞舌尔的主要援助国和重要贸易伙伴。2019 年，塞舌尔从法国进口贸易额为 5700 万欧元，对法国出口贸易额为 1.02 亿欧元，其中，出口法国的金枪鱼罐头总额达到 9000 万欧元，法国是塞舌尔的重要经济伙伴。[①] 2002 年之后，法国新的国际发展合作计划中不再将塞舌尔列为"优先援助国"，对塞舌尔的直接援助有所减少，但同塞舌尔继续开展文化、科技等领域的合作。法国在渔业、旅游、教育、卫生、广播电视和人员培训方面对塞舌尔给予援助。2004 年 5 月，法国马赛工商会代表团访塞；2007 年 3 月，法国合作与发展部部长访塞，双方签署《促进和保护双边投资协议》和《关于旅游培训与就业的协议》。

近年来，两国加强军事合作。[②] 法国持续保持其在印度洋地区的影响力，在该地区拥有海外领土（如留尼汪岛），并积极参与维护印度洋安全。2018 年 6 月 25 日，法国南印度洋地区武装部队指挥官埃里克·维多德与塞舌尔总统丹尼·富尔会面，讨论与塞舌尔恢复军事关系。双方集中讨论打击贩毒、非法捕鱼以及法国向塞舌尔提供军事专业知识，包括建立海洋活动协调和监测中心，以有助于打击印度洋上的非法活动。21 世纪初，索马里海盗袭击为塞法军事合作提供了契机。2009 年塞舌尔群岛发生了第一次海盗袭击，当时在该海域的 40 艘法国和西班牙船只中约有 10 艘没有返回，塞舌尔政府站在打击海盗的最前沿，与法国、美国、印度开展合作，打击海盗，法国军舰定期访问塞舌尔维多利亚港，提升维护海洋安全的威慑力。2013 年和 2014 年，法国军事专家向塞舌尔提供技术援助，建立海军监测系统并培训塞舌尔武装部队成员。

塞法两国高层互访与人文交流较多，塞舌尔独立之后，勒内总统任期内先后 7 次访法。2007 年 10 月，米歇尔总统对法国进行工

---

① France and Seychelles, https：//www. diplomatie. gouv. fr/en/country – files/seychelles/.

② Seychelles and France Strengthen Military Co-operation, https：//country. eiu. com/article. aspx？articleid = 1096866693.

作访问。2008年3月，第13届法语文化节在塞舌尔举行。2013年
6月，法国派徒步方队参加塞舌尔国庆阅兵仪式。2017年1月，塞
舌尔副总统梅里顿出席在马里举行的法国非洲峰会；2018年11月
11日，塞舌尔总统富尔出席了第一次世界大战一百周年纪念活动
和巴黎和平论坛。法国总统最近一次访问塞舌尔是在1990年。①

2020年，塞舌尔举行定居者首次登陆海岸250周年庆典。
2019年12月，塞舌尔副总统曾告诉媒体将邀请法国总统马克龙赴
塞舌尔参加庆典。②因为新冠疫情，马克龙总统未能赴塞舌尔参加
活动。2020年10月拉姆卡拉旺当选总统之后，法国政府外交部第
一时间表示祝贺。③ 2022年2月12日拉姆卡拉旺总统在法国参加
"同一个峰会"，峰会旨在加强海洋管理、保护海洋生态系统，防
止污染特别是塑料污染，马克龙在峰会开幕式上致辞，众多国家政
要出席会议。

3. 同英国的关系

经历多年的谈判，1976年6月29日塞舌尔从英国海外殖民地
中独立，塞舌尔共和国宣告成立。独立之后的塞舌尔，仍为英联邦
成员国，与英国保持了较为密切的高层访问与交流，勒内总统先后
四次访问英国。2012年初，米歇尔总统出席伦敦反海盗国际会议
并访英；英国首相布莱尔于1998年和1999年连续两年赴塞舌尔度
假；2011年5月英国威廉王子夫妇远赴塞舌尔度蜜月。英国多年

---

① France and Seychelles, https：//www. diplomatie. gouv. fr/en/country – files/seychelles/.
② D. Laurence, "Seychelles Pursuing Visit by French President as Highlight of 250th Anniversary Celebration," Seychelles News Agency, 2019 – 12 – 22.
③ "Seychelles—Result of the Presidential and Legislative Elections," 2020 – 10 – 27, https：// www. diplomatie. gouv. fr/en/country – files/seychelles/news/article/seychelles – result – of – the – presidential – and – legislative – elections – 27 – oct – 2020.

来每年援助塞舌尔的国际发展合作金额约 100 万英镑，主要用于技术援助和赴英留学生的奖学金。2010 年之后，为打击索马里海盗，英国与塞舌尔加强海上安全合作，2013 年 2 月英国资助建设的区域打击海盗情报协调中心投入使用。2017 年 7 月、2019 年 7 月，塞总统富尔分别致电祝贺特雷莎·梅和鲍里斯·约翰逊当选为英国首相，并对塞英关系充满信心。

英国也是塞舌尔重要的贸易伙伴之一。2019 年 2 月，塞舌尔驻布鲁塞尔大使萨姆桑与英国贸易政策大臣豪灵博雷在伦敦签署协议，以保障英国脱欧之后两国贸易的持续稳定。[①] 2020 年，英国对塞舌尔的贸易出口额为 4690 万美元，其中旅游用小型船舶的出口额为 1700 万美元；塞舌尔对英国的贸易出口额高达 9550 万美元，其中 6400 万美元用于购买加工鱼类产品。1995~2020 年，英国对塞舌尔的贸易出口额从 3930 万美元增加到 4690 万美元；塞舌尔对英国的贸易出口额从 1400 万美元增加到 9550 万美元。[②] 塞舌尔对英国出口增速明显高于英国对塞舌尔出口增速。2022 年 5 月，英国对塞舌尔的出口额为 136 万英镑，从塞舌尔的进口额为 465 万英镑，贸易差额为 329 万英镑。2021 年 5 月到 2022 年 5 月，英国对塞舌尔的出口额从 159 万英镑下降到 136 万英镑，下降了 23 万英镑（降幅为 14.5%），自塞舌尔的进口额从 370 万英镑增加到 465 万英镑，增长了 95 万英镑（增幅为 25.7%）。塞舌尔与英国贸易逆差的扩大，无疑对两国贸易产生了影响。

① Laurence D. Seychelles, "UK Sign Deal to Ensure Continued Trade after Brexit," Seychelles News Agency, 2019 - 02 - 01.

② UK & Seychelles Trade in 2020, https: //oec. world/en/profile/bilateral - country/gbr/partner/syc.

三　同其他国家及邻国的关系

1. 同阿联酋的关系

阿联酋作为中东国家，在石油工业基础上发展起来的航空业与旅游业发达，对外投资不断增加。作为印度洋国家中的两个高收入国家，塞阿关系密切，阿联酋高度重视塞舌尔旅游业的发展和对塞舌尔公共事业的援助。阿联酋航空公司是经营塞舌尔旅游航线的重要国际航空公司，大批赴塞舌尔的国际游客乘坐阿联酋航空公司的航班进出塞舌尔，这是塞舌尔旅游业发展的重要支撑。

2011 年 11 月，塞舌尔在阿联酋阿布扎比的新大使馆启用，两国外长就发展两国关系给予高度评价，长期以来阿联酋十分关注对塞舌尔教育、医疗卫生、住房以及新能源领域的投资与发展合作。[①] 阿联酋援助塞舌尔建造了部分医院、门诊中心、集中住房以及风电场，并提供多艘巡逻艇帮助塞舌尔提升海洋管理能力。2014 年 1 月，塞舌尔与阿联酋在阿布扎比联合举办蓝色经济峰会，积极推动可持续蓝色经济发展。2015 年，阿援助塞建造 72 套住房；2016 年 11 月、2017 年 3 月和 6 月，富尔总统三次对阿联酋进行访问；2017 年 1 月，富尔总统出席在阿布扎比举行的 2017 年世界未来能源峰会；2018 年 2 月，塞舌尔副总统梅里顿出席在阿联酋迪拜举行的第六届世界政府首脑会议。

2021 年 8 月 24 日，塞舌尔现任总统拉姆卡拉旺出席拉迪格岛医院奠基仪式，新的医院得到阿布扎比酋长与阿联酋政府的支持，

---

① Seychelles Steps up Bilateral Relations with UAE, https：//www.mfa.gov.sc/news/102/seychelles－steps－up－bilateral－relations－with－uae.

耗资 400 万美元，按照最高国际标准建造，并配备急救室、手术室、透析装置和 X 射线装置以及其他服务设施，拉姆卡拉旺对阿联酋资助建设该医院表示感谢，称其为"生命和人类灵魂的礼物"，并高度评价阿联酋为塞舌尔各行各业的发展做出的巨大贡献。[①]

2. 同南非的关系

1981 年 11 月 25 日，南非支持的"安吉拉行动"在塞舌尔最终失败。[②] 但这给两国关系蒙上了阴影，南非为此支付了塞舌尔 300 万美元的赔偿金。1992 年 4 月，塞舌尔与南非正式建立外交关系，并在比勒陀利亚、德班和开普敦设立了外交高级专署和领事馆；南非也在塞舌尔设立了外交高级专署。塞舌尔航空公司先后开通了塞舌尔至南非开普敦、德班和约翰内斯堡的直飞航线。

南非现为塞舌尔主要贸易伙伴之一，2020 年，塞舌尔对南非的出口额为 627 万美元，塞舌尔向南非出口的主要产品是香蕉（247 万美元）、休闲船（188 万美元）和电动机（4.26 万美元）。1995～2020 年，塞舌尔对南非的出口额从 90.3 万美元增至 627 万美元。2020 年，南非对塞舌尔的出口额为 5190 万美元，南非出口到塞舌尔的主要产品是非鱼片冷冻鱼（515 万美元）、木质板材（423 万美元）和休闲船（196 万美元）。1995～2020 年，南非对塞舌尔的出口额从 3960 万美元增至 5190 万美元。[③]

---

① "President of Seychelles Lays Foundation Stone for New UAE-funded Hospital on Seychelles' La Digue Island," http：//wam. ae/en/details/1395302963224.

② "1981 Seychelles Coup d'état Attempt," https：//military － history. fandom. com/wiki/1981_ Seychelles_ coup_ d%27 C3% A9tat_ attempt.

③ Seychelles and SA Trade, https：//oec. world/en/profile/bilateral － country/syc/partner/za.

2004 年 4 月，塞舌尔外长博纳拉姆出席南非总统姆贝基连任
就职仪式。2007 年 1 月，塞舌尔外长皮莱与南非外长祖马在埃塞
俄比亚首都亚的斯亚贝巴签订了两国综合合作协议，两国决定成立
联合委员会，每两年召开一次会议，商讨并促进双边合作事宜。
2008 年 7 月，南非向塞舌尔提供 360 万美元无偿援助，以帮助塞
舌尔应对经济困难。2009 年 5 月，塞舌尔总统米歇尔出席南非总
统祖马就职仪式。2012 年 7 月，南非总统祖马访问塞舌尔。2017
年 8 月，塞舌尔总统富尔出席在南非举行的第 37 届南部非洲发展
共同体峰会，同祖马总统会见。近年来，塞南关系不断加强，在非
洲地区组织中塞舌尔与南非保持密切合作，两国有积极发展蓝色经
济、维护海洋安全的共同愿望，经济合作潜力巨大。2022 年 4 月
19 日，拉姆卡拉旺总统对南非夸祖鲁 - 纳塔尔省发生的洪水灾害
向南非总统拉马福萨和南非人民表示慰问。[①]

四 同相邻岛国的关系

塞舌尔十分重视发展同毛里求斯、马达加斯加等相邻岛国的关
系。作为印度洋岛国的重要成员，2011 年塞舌尔主办了第八届印
度洋岛国运动会，毛里求斯、科摩罗、马达加斯加、留尼汪（法）
等多个印度洋岛国和地区的约 1700 名运动员参加了运动会。2014
年 1 月，塞舌尔主办了印度洋委员会《维多利亚协定》签署 30 周
年纪念活动。

1988 年 6 月 17 日塞舌尔与毛里求斯建交，双方曾对沙亚·马

---

① "President Ramkalawan Sends Solidarity Message to South African Counterpart," https：//
www. africa - press. net/seychelles/all - news/president - ramkalawan - sends - solidarity -
message - to - south - african - counterpart.

拉沙洲海域归属问题有争议，后经协商，同意共同开发该海域。
2008年7月，塞舌尔国家发展部部长杜加西和毛里求斯首席检察
官兼司法和人权部部长瓦莱登签署两国海洋专属经济区划界协议。
同月，塞舌尔拉迪格岛和毛里求斯罗德里格斯岛签订友好协议。
2011年2月，毛里求斯副总理普拉温德·贾格纳特访塞并出席两
国第9次联合委员会会议，双方签署避免双重征税协定的修订本。
2012年3月，塞舌尔总统米歇尔赴毛里求斯出席国家独立44周年
庆典。6月，毛里求斯总理拉姆古兰访问塞舌尔并出席国庆典礼。
2012年，塞毛签署对马斯克林海底高原的共管条约。2013年8月，
塞毛两国举行第10次联合委员会会议，就安全与打击犯罪合作达
成框架协议。2014年6月，首届塞毛商务论坛召开，双方签署4
个贸易和投资备忘录。2016年11月，塞舌尔总统富尔出席在马达
加斯加举行的法语国家组织峰会时会见毛里求斯总理贾格纳特。
2017年10月，富尔总统对毛里求斯进行国事访问。2020年11月
29日，塞舌尔新任总统拉姆卡拉旺的首次外事访问选择了毛里求
斯，对毛进行了为期三天的国事访问。①

　　1989年4月12日，塞舌尔同马达加斯加建交。1990年，塞
马签订合作开发石油和天然气的协议。2002年，作为印度洋委
员会轮值主席国，塞舌尔积极参与国际社会调停马岛政治危机。
2007年1月，塞舌尔外长皮莱出席马总统马克·拉瓦卢马纳纳
连任就职仪式。2007年8月，塞舌尔总统米歇尔应邀出席在马
达加斯加举行的印度洋岛屿国家运动会开幕式并对马进行访问。

---

① "Omondi J. New Seychelles President Picks Mauritius for His First Foreign Trip," https：//
africa. cgtn. com/author/omondijerry/ .

2012 年 7 月，米歇尔总统与南非总统祖马在塞舌尔共同主持马达加斯加过渡政权的和谈。2014 年 9 月，塞马两国开通直飞航线。2019 年 1 月，塞舌尔总统富尔出席马新总统拉乔利纳就职典礼。2021 年 11 月，第 26 届联合国气候变化大会在英国格拉斯哥召开，塞舌尔总统拉姆卡拉旺和马达加斯加总统拉乔利纳在会议期间举行了双边会谈，讨论了塞舌尔南部领土的海上安全和非法贩运问题，两国元首同意 2021 年底前两国外交部举行一次特别会议。[①]

第四节　同中国的关系

一　政治关系

中塞自 1976 年 6 月 30 日建交以来，两国友好合作关系发展顺利。塞舌尔历届政府均重视发展对华关系，奉行一个中国政策，相互尊重主权与领土完整。

中方访塞的主要领导人有：国务院副总理姬鹏飞（1980 年 9 月）、国务委员兼外经贸部部长陈慕华（1983 年 8 月）、国务院副总理兼外交部部长钱其琛（1996 年 1 月）、国务院总理李鹏（1997 年 5 月）、外交部副部长吉佩定（1999 年 3 月）、外交部部长唐家璇（2000 年 1 月）、外交部部长李肇星（2005 年 1 月）、全国人大常委会副委员长司马义·艾买提（2006 年 1 月）、国家主席胡锦涛（2007 年 2 月）、全国人大常委会委员长吴邦国（2008 年 11 月）、

---

① "Madagascar: Leaders of Seychelles and Madagascar Hold Bilateral Talks on Sidelines of UN Climate Change Conference," https：//allafrica. com/stories/202111020261. html.

国务委员戴秉国（2010 年 7 月，过境）、全国人大常委会副委员长陈至立（2010 年 9 月）、国务院副总理王岐山（2011 年 3 月，过境）、国务委员刘延东（2011 年 11 月，过境）、国务委员兼国防部部长梁光烈（2011 年 12 月）、国务院副总理回良玉（2012 年 3 月，过境）、中非人民友好协会会长阿不来提·阿不都热西提（2015 年 5 月）、外交部副部长张明（2015 年 5 月）、外交部部长王毅（2015 年 8 月，过境）、全国政协副主席王家瑞（2016 年 1 月，过境）、国务委员杨洁篪（2016 年 5 月，过境）、国务院副总理刘延东（2017 年 4 月，过境）、中联部部长宋涛（2018 年 7 月）、全国政协副主席刘奇葆（2018 年 10 月）等。2021 年 1 月，中国国务委员兼外长王毅访问塞舌尔，会见了拉姆卡拉旺总统，并同拉德贡外长举行了会谈，就深化中塞关系、加强多边合作达成了重要共识；2022 年 8 月，拉姆卡拉旺总统会见到访的中国政府非洲事务特别代表许镜湖。

塞方访华的主要领导人有：前总统勒内（1978 年 5 月、1983 年 4 月、1991 年 6 月、1995 年 5 月），前总统米歇尔（1998 年 5 月访华，2000 年 10 月访华，2006 年 11 月出席中非合作论坛北京峰会并访华，2008 年 8 月出席北京奥运会开幕式，2010 年 5 月出席上海世博会开幕式），计划与对外关系部部长费拉里（1984 年 5 月）和德圣热尔（1990 年 8 月），青年与文化部部长皮莱（1998 年 12 月），农业与海洋资源部部长朱莫（1999 年 5 月），工业与国际商业部部长贝尔蒙（1999 年 8 月），外交部部长博纳拉姆（1999 年 10 月），教育部部长富尔（2000 年 10 月），议长麦克格雷戈尔（2004 年 4 月），民族党领袖拉姆卡拉旺（2004 年 9 月），卫生与社会事务部部长梅里顿

（2005 年 8 月），塞舌尔民主党总书记加布里埃尔（2005 年 9
月），副议长卢卡斯（2008 年 5 月），国民议会议长赫米尼耶
（2009 年 3 月），前总统富尔（2011 年 3 月访华，2015 年 4 月
访华，2018 年 9 月出席中非合作论坛北京峰会），外交部部长亚
当（2012 年 7 月来华出席中非合作论坛第五届部长级会议，
2013 年 7 月访华），副议长普尔（2013 年 8 月），国防军司令巴
耶特（2014 年 1 月），国务秘书拉兰（2016 年 6 月），塞舌尔人
民联合党（现更名为"联合塞舌尔党"）主席、副总统梅里顿
（2017 年 12 月访华，2018 年 7 月出席在成都举行的第五届中非
民间论坛），等等。

二　经贸关系和经济技术合作

建交以来，中塞经济技术合作与经贸往来持续发展。中塞签署
经济技术合作协定、避免双重征税和防止偷漏税协定等。中国从
1977 年起开始向塞提供各种援助。为塞援建了司法大楼、议会大
楼、标准局大楼、国家游泳馆、安塞·罗亚莱医院、综合工艺学
院、蒙弗勒利中学、拉扎尔湾小学及幼儿园、格拉斯小学和幼儿园
等。2021 年 2 月 8 日，中塞双方签署《中塞经济技术合作协定》，
新的协定助力塞舌尔社会经济发展。

中国是塞舌尔的主要进口国之一。2020 年，中国对塞舌尔的
商品出口额为 5490 万美元。中国出口到塞舌尔的主要商品是汽车、
机电产品、零件和配件、广播设备、钢铁制品等。1998～2020 年，
中国对塞舌尔的商品出口额从 215 万美元增至 5490 万美元。2020
年，塞舌尔对中国的商品出口额为 34.8 万美元，塞舌尔向中国出
口的主要商品是非鱼片冷冻鱼（30.2 万美元）、绘画艺术品（3.5

万美元）。1998～2020 年，塞舌尔对中国的商品出口额年增长率为12.7%，从 2.5 万美元增至 34.8 万美元。①

三 文化、教育、卫生等方面的交往与合作

1983 年，中塞两国签署了文化合作协定。中方多个文艺团体曾赴塞访问演出，并在塞举办电影周、图片展等活动。

截至 2017 年底，中方共接收塞奖学金学生 160 名。2017 年塞在华留学生共 87 人，其中包括 46 名奖学金学生。中国向塞舌尔派遣体育教练和音乐教师。中国从 1985 年起向塞派遣医疗队，共 18 批108 人次，现有 6 名医疗队队员在塞工作。截至 2018 年 8 月，中方已为塞舌尔培训各类人员 1478 名，向塞舌尔派出 8 批共 106 名青年志愿者和 2 名农技专家。塞舌尔系中国公民出境旅游目的地。2013年 5 月，两国签署互免签证协议。2017 年中国公民赴塞旅游人数达11710 人次。2015 年 2 月，塞舌尔开通北京至塞舌尔的直飞航线，共推出两架直航包机，载客 500 多人。2009 年，塞舌尔向上海市政府赠送了一对塞独有的亚达伯拉象龟，表达对上海世博会的支持。2012 年，塞舌尔再次向中方赠送一对亚达伯拉象龟，落户北京动物园。自 2014 年起，塞舌尔已连续举办 5 届"中国日"活动。大连大学与塞舌尔大学 2012 年 12 月签署在塞舌尔大学设立孔子课堂的协议，2014 年 6 月孔子课堂正式运行。2015 年 10 月，孔子课堂经国家汉办批准升格为塞舌尔大学孔子学院，截至 2022 年底在塞舌尔孔子学院学习汉语的人数累计达到 2876 人。2015 年 5 月，塞旅游学院与北京联合大学签署互派交换讲师和学生的谅解备忘录。

---

① Seychelles and China, https: //oec. world/en/profile/bilateral - country/syc/partner/chn.

四 军事交往与合作

2012 年 5 月，中塞双方签署《中华人民共和国和塞舌尔共和国关于移交海盗及武装劫船嫌疑人及其财产的谅解备忘录》。2013 年 6 月 16 日上午，中国海军第十四批护航编队哈尔滨护卫舰到塞舌尔维多利亚港访问和休整，海军徒步方队应邀参加塞舌尔国庆阅兵典礼。2016 年 11 月，中共中央军事委员会联合参谋部副参谋长王冠中上将访塞。

五 重要双边协议及文件

《关于中华人民共和国和塞舌尔共和国建立外交关系的联合公报》（1976 年 6 月 30 日）。

《关于中华人民共和国和塞舌尔共和国避免双重征税的协定》（1999 年 8 月）。

《关于中华人民共和国和塞舌尔共和国双边投资保护的协定》（2007 年 2 月）。

《中华人民共和国和塞舌尔共和国关于移交海盗及武装劫船嫌疑人及其财产的谅解备忘录》（2012 年 5 月）。

《中华人民共和国和塞舌尔共和国关于两国互免签证协定》（2013 年 5 月）。

《中华人民共和国外交部和塞舌尔共和国外交部关于建立政治磋商机制的协议》（2013 年 7 月）。

《中华人民共和国政府与塞舌尔共和国政府关于共同推进丝绸之路经济带和 21 世纪海上丝绸之路建设的谅解备忘录》（2018 年 9 月）。

大事纪年

1609 年　　　在英国东印度公司第四次远洋航行中，英国探险队
　　　　　　到达塞舌尔，并且成功登陆。

1756 年　　　被法国占领，并以"塞舌尔"命名。

1768 年　　　法国王室从东印度公司手中正式接管了毛里求斯及
　　　　　　其附属地塞舌尔。

1778 年　　　塞舌尔正式进入法国殖民统治时代。

1794 年　　　英国取代法国统治塞舌尔。

1814 年　　　英法签订《巴黎条约》，塞舌尔成为英国殖民地，归
　　　　　　英国在毛里求斯的殖民当局管辖。

1872 年　　　塞舌尔本地的立法机构——民事委员会宣告成立。

1903 年　　　塞舌尔摆脱毛里求斯的附属地位并成为英国的直辖
　　　　　　殖民地。

1964 年　　　由勒内创建的塞舌尔人民联合党和由曼卡姆创建的
　　　　　　塞舌尔民主党先后宣告成立。

1970 年　　　塞舌尔实行内部自治。

1976 年　　　6 月 29 日宣告独立，成立塞舌尔共和国，成为英联
　　　　　　邦内一个独立的主权国家。

　　　　　　6 月 30 日，中塞建交。

《塞舌尔民族报》创刊。

1977 年　　勒内发动政变推翻曼卡姆,成功竞选总统职位。

1978 年　　塞舌尔计划与发展部着手制订"五年发展计划",确
　　　　　立国民经济在五年之内的宏观发展目标。

　　　　　政府推行九年制义务教育。

1979 年　　塞舌尔国家奥林匹克委员会成立,得到了国际奥林
　　　　　匹克委员会的认可。

1980 年　　塞舌尔开始正式参加夏季奥运会。

　　　　　9 月,中国国务院副总理姬鹏飞访塞。

1983 年　　塞舌尔成立综合工艺学院,学制三年,为塞舌尔的
　　　　　最高学府。

1985 年　　5 月,中国山东省向塞舌尔派遣医疗队。

1992 年　　塞舌尔改行多党制。

　　　　　塞舌尔人民海军和塞舌尔人民空军合并为塞舌尔海
　　　　　岸警卫队。

1993 年　　宪法于 6 月制定并生效。

1995 年　　塞舌尔设立了国际贸易区。

1997 年　　5 月,中国国务院总理李鹏访塞。

2004 年　　勒内将总统职务移交副总统米歇尔。

2005 年　　塞舌尔人民进步阵线党代会确定米歇尔为次年总统
　　　　　大选该党候选人。

2006 年　　塞舌尔举行独立以来第四届总统选举,米歇尔以
　　　　　53.3%的得票率当选总统。

　　　　　11 月,米歇尔总统出席中非合作论坛北京峰会并
　　　　　访华。

2007 年   塞舌尔举行议会选举，塞舌尔人民进步阵线获得
56.2% 的选票，保持议会多数。

2 月，中国国家主席胡锦涛访塞。

2008 年   塞舌尔政府解除了对外汇的管制，允许外汇自由
汇兑。

2009 年   塞舌尔人民联合党更名为塞舌尔人民党。

塞舌尔大学建成并开始招生。

2010 年   塞舌尔通过《投资法》。

2011 年   塞舌尔举行总统选举，塞舌尔人民党主席米歇尔以
55.5% 的得票率蝉联总统。

2012 年   5 月，中塞双方签订《中华人民共和国和塞舌尔共
和国关于移交海盗及武装劫船嫌疑人及其财产的谅
解备忘录》。

2014 年   塞舌尔"蓝色经济"概念基本形成，并被正式列入
国家发展议程。

塞舌尔与欧盟入渔协定正式生效。

2015 年   米歇尔以 50.2% 的得票率第三次当选总统。

4 月 26 日，塞舌尔正式成为世界贸易组织第 66 个
成员。

6 月 10 日，塞舌尔签署非洲自贸区协定。

2016 年   米歇尔宣布辞去总统职务，由副总统丹尼·富尔继
任并完成该届总统的剩余 4 年任期。

世界三大主要信用评级机构之一的惠誉国际评级将
塞舌尔主权信用评级评定为"BB－"。

2017 年   中国与塞舌尔签署经济技术合作协定。

塞舌尔"蓝色债券"机制获 2017 年世界海洋峰会"海洋创新挑战奖"。

12 月 13 日，国际货币基金组织向塞舌尔批准了一项三年期的新型政策协调工具。

2018 年　　9 月，塞舌尔启动《农业发展战略（2018～2021）》。

12 月 7 日，国际货币基金组织完成了对塞三年期政策协调工具框架下的第二轮审查，塞舌尔 2018 年经济运行良好。

9 月，总统富尔出席中非合作论坛北京峰会。

2020 年　　10 月 26 日，韦维尔·拉姆卡拉旺当选总统。

2021 年　　1 月 9 日，中国国务委员兼外长王毅访问塞舌尔，拉德贡德外长与拉姆卡拉旺总统会见了王毅。

2022 年　　8 月 3 日，中国政府非洲事务特别代表许镜湖访问塞舌尔，并会见了拉姆卡拉旺总统。

2023 年　　3 月 10 日，拉姆卡拉旺总统向习近平致信，祝贺习近平当选国家主席。重申塞舌尔坚定支持一个中国政策，支持中方以和平方式实现国家统一，全力支持中国政府为维护国家主权和领土完整所做的努力，赞扬"一带一路"倡议和中非合作论坛为帮助其他国家改善基础设施建设、推动促进世界贸易发挥的重要作用。塞外交部官网刊登贺信，塞主流媒体《民族报》予以报道。

参考文献

一　中文文献

安东尼·汉姆、让－伯纳德·卡里：《毛里求斯、留尼汪和塞舌尔》，王思明等译，中国地图出版社，2014。

陈刚：《塞舌尔的克里奥音乐歌舞》，《黄钟》（武汉音乐学院学报）2004年第3期。

《对外投资合作国别（地区）指南——塞舌尔》，商务部，2021。

利奥内：《塞舌尔群岛》，南京师范学院地理系翻译组译，江苏人民出版社，1978。

刘金源：《印度洋英联邦国家：马尔代夫　毛里求斯　塞舌尔：海岛、小国、异路》，四川人民出版社，2003。

农业部国际交流服务中心编著《非洲农业国别调研报告集》第6辑，中国农业科学技术出版社，2013。

钱建明：《塞舌尔群岛的"克里奥尔"音乐及其风格演变》，《南京艺术学院学报》（音乐及表演版）1999年第3期。

现代国际关系研究所编辑组编《现代非洲名人录》，时事出版社，1987。

二 外文文献

"Annual Health Statistical Report on Selected Health Statistics 2017," Ministry of Health Republic of Seychelles.

Central Bank of Seychelles Annual Report 2001.

Central Bank of Seychelles Annual Report 2006.

Central Bank of Seychelles Annual Report 2015.

Central Bank of Seychelles Annual Report 2016.

Central Bank of Seychelles Annual Report 2017.

Central Bank of Seychelles Annual Report 2018.

IMF Country Report No. 00/162: Seychelles.

IMF Country Report No. 17/161: Seychelles.

IMF Country Report No. 17/401: Seychelles.

IMF Country Report No. 18/196: Seychelles.

IMF Country Report No. 19/1945: Seychelles.

IMF Country Report No. 19/195: Seychelles.

Long-term Foreign Currency Rating, last affirmed on July 29, 2016.

"Seychelles' Blue Economy Strategic Policy Framework and Roadmap: Charting the Future (2018 – 2030)," Blue Economy Department, 2018.

三 主要网站

非洲开发银行网站，https://www.afdb.org/en。

国际货币基金组织网站，https://www.imf.org/external/index.htm。

塞舌尔国家统计局网站，https：//www. nbs. gov. sc/。

塞舌尔教育部网站，http：//www. education. gov. sc/。

塞舌尔中央银行网站，http：//www. cbs. sc/。

世界银行网站，https：//data. worldbank. org。

世卫组织网站，https：//www. who. int/zh/。

中华人民共和国商务部网站，http：//www. mofcom. gov. cn/。

中华人民共和国外交部网站，https：//www. fmprc. gov. cn/web/。

中华人民共和国驻塞舌尔共和国大使馆经济商务参赞处网站，http：//sc. mofcom. gov. cn/。

索　引

新版《列国志》总书目

非洲

阿尔及利亚
埃及
埃塞俄比亚
安哥拉
贝宁
博茨瓦纳
布基纳法索
布隆迪
赤道几内亚
多哥
厄立特里亚
佛得角
冈比亚
刚果共和国
刚果民主共和国
吉布提
几内亚
几内亚比绍
加纳
加蓬
津巴布韦
喀麦隆
科摩罗
科特迪瓦
肯尼亚
莱索托
利比里亚
利比亚
卢旺达
马达加斯加

马拉维
马里
毛里求斯
毛里塔尼亚
摩洛哥
莫桑比克
纳米比亚
南非
南苏丹
尼日尔
尼日利亚
塞拉利昂
塞内加尔
塞舌尔
圣多美和普林西比
斯威士兰
苏丹
索马里
坦桑尼亚
突尼斯
乌干达
赞比亚
乍得
中非

欧洲

阿尔巴尼亚
爱尔兰
爱沙尼亚
安道尔
奥地利
白俄罗斯

保加利亚

北马其顿

比利时

冰岛

波兰

波斯尼亚和黑塞哥维那

丹麦

德国

俄罗斯

法国

梵蒂冈

芬兰

荷兰

黑山

捷克

克罗地亚

拉脱维亚

立陶宛

列支敦士登

卢森堡

罗马尼亚

马耳他

摩尔多瓦

摩纳哥

挪威

葡萄牙

瑞典

瑞士

塞尔维亚

塞浦路斯

圣马力诺

斯洛伐克

斯洛文尼亚

乌克兰

西班牙

希腊

匈牙利

意大利

英国

美洲

阿根廷

安提瓜和巴布达

巴巴多斯

巴哈马

巴拉圭

巴拿马

巴西

秘鲁

玻利维亚

伯利兹

多米尼加

多米尼克

厄瓜多尔

哥伦比亚

哥斯达黎加

格林纳达

古巴

圭亚那

海地

洪都拉斯

加拿大

美国

墨西哥

尼加拉瓜

萨尔瓦多

塞舌尔

圣基茨和尼维斯
圣卢西亚
圣文森特和格林纳丁斯
苏里南
特立尼达和多巴哥
危地马拉
委内瑞拉
乌拉圭
牙买加
智利

大洋洲

澳大利亚
巴布亚新几内亚

斐济
基里巴斯
库克群岛
马绍尔群岛
密克罗尼西亚
瑙鲁
纽埃
帕劳
萨摩亚
所罗门群岛
汤加
图瓦卢
瓦努阿图
新西兰

国别区域与全球治理数据平台

www.crggcn.com

　　"国别区域与全球治理数据平台"（Countries, Regions and Global Governance Data Platform, CRGG）是社会科学文献出版社重点打造的学术型数字产品，对接新一级交叉学科区域国别学，围绕国别研究、区域研究、国际组织研究、全球智库研究等领域，全方位整合一手数据、基础信息、科研成果，文献量达30余万篇。该产品已建设成为国别区域与全球治理数据资源与研究成果整合发布平台，可提供包括资源获取、科研技术服务、成果发布与传播等在内的多层次、全方位的学术服务。

　　从国别区域和全球治理研究角度出发，"国别区域与全球治理数据平台"下设国别研究数据库、区域研究数据库、国际组织数据库、全球智库数据库、学术专题数据库、学术资讯数据库和辅助资料数据库7个数据库。在资源类型方面，除专题图书、智库报告和学术论文外，平台还包括数据图表、档案文献和学术资讯。在文献检索方面，平台支持全文检索、高级检索，并可按照相关度和出版时间进行排序。

　　"国别区域与全球治理数据平台"应用广泛。针对高校及区域国别科研机构，平台可提供专业的知识服务，通过丰富的研究参考资料和学术服务推动区域国别研究的学科建设与发展，提升智库学术科研及政策建言能力；针对政府及外事机构，平台可提供咨政参考，为相关国际事务决策提供理论依据与资讯支持，切实服务国家对外战略。

数据库体验卡服务指南

※100元数据库体验卡，可在"国别区域与全球治理数据平台"充值和使用

充值卡使用说明：
第1步　刮开附赠充值卡的涂层；
第2步　登录国别区域与全球治理数据平台（www.crggcn.com），注册账号；
第3步　登录并进入"会员中心"→"在线充值"→"充值卡充值"，充值成功后即可使用。

声明

最终解释权归社会科学文献出版社所有

客服电话：010-59367072
客服邮箱：crgg@ssap.cn

欢迎登录社会科学文献出版社官网（www.ssap.com.cn）和国别区域与全球治理数据平台（www.crggcn.com）了解更多信息

图书在版编目（CIP）数据

塞舌尔 / 张振克，李璐编著 . -- 北京：社会科学
文献出版社，2023. 11
（列国志：新版）
ISBN 978 - 7 - 5228 - 1155 - 0

Ⅰ.①塞… Ⅱ.①张…②李… Ⅲ.①塞舌耳 - 概况
Ⅳ.①K942. 9

中国版本图书馆 CIP 数据核字（2022）第 228367 号

·列国志（新版）·

塞舌尔（Seychelles）

编　　著／张振克　李　璐

出 版 人／冀祥德
组稿编辑／高明秀
责任编辑／叶　娟
文稿编辑／顾　萌
责任印制／王京美

出　　　版／社会科学文献出版社·国别区域分社（010）59367078
　　　　　　地址：北京市北三环中路甲 29 号院华龙大厦　邮编：100029
　　　　　　网址：www. ssap. com. cn
发　　　行／社会科学文献出版社（010）59367028
印　　　装／三河市尚艺印装有限公司

规　　　格／开　本：787mm × 1092mm　1/16
　　　　　　印　张：12. 75　插　页：0. 75　字　数：146 千字
版　　　次／2023 年 11 月第 1 版　2023 年 11 月第 1 次印刷
书　　　号／ISBN 978 - 7 - 5228 - 1155 - 0
定　　　价／98. 00 元

读者服务电话：4008918866